余海玲 编著

YUANZI LI DE TONGNIAN
院子里的童年

上海社会科学院出版社
SHANGHAI ACADEMY OF SOCIAL SCIENCES PRESS

主编：余海玲

编委：金云芳　沈雯霏　陈　佳

程梦怡　李　莹　朱　珠

序言

我曾经在嘉定区安亭幼儿园工作与学习十年时间，从 2006 年至 2016 年，在这十年时间里，亲历安亭幼儿园（以下简称"安幼"）生命课程蜕变的过程，如何基于儿童成长规律，系统架构生命教育课程；如何基于儿童立场，让生命教育真正落地，成就儿童可持续发展。安幼人在不断的叩问反思中，持续地开展生命教育课程实践研究。2015 年，安幼的课程发生了关键的转折和突破，那就是生命教育探究空间的突破，从室内走向户外，让幼儿在大自然中探究生命的多样性与丰富性；创生儿童个性化选择、多样化体验的生命教育课程。

自 2016 年起，我担任区教研员，在浸润指导的过程中，从不同的视角感受到了安亭幼儿园生命教育课程的不断迭代更新。六年来，安幼不断优化和完善课程体系，进一步对儿童的需求和兴趣开展研究，基于幼儿发展优先理念，复盘幼儿园自然资源，形成儿童喜爱的课程十中心，让户外自然资源更鲜明地指向生命教育，课程内容更好地联结儿童经验，更关注儿童的体验。

走进安幼童年的院子，我们都会为凸显儿童为主的课程环境、儿童鲜活的活动现场而欣喜！

小山坡、大草坪等自然环境，都成为孩子们最爱的生命探索的场域。在这里，孩子们是自由的放松的，在童年的院子里儿童可以看蚂蚁搬家、带乌龟散步；孩子们是大胆的自信的，挑战在池塘里搭建浮桥；在这里，儿童有话语权，能用自己喜欢的方式充分感受体验，在生命教育课程的浸润下，儿童在自然探究中好奇好问、热爱探究、乐于创造、敢于独立解决问题，这正是儿童面对未来所需要的能力。

课程的改变和儿童的发展，毫无疑问背后是安幼教师不断砥砺和扎根。阅读本书中有关教师的53个生动鲜活的案例，我们可以感受到教师温暖且智慧的专业力量，感受到教师不断成长的学习力、思考力、研究力；这正是教师基于幼儿发展优先的一种向上的内生性的成长！

安幼童年的院子，是孩子们的乐园，也是教师们的希望与憧憬！在户外大自然中探究体验，建立与自然的联结，让幼儿自由地观察，探索生命、获得新知，激发其探究兴趣，提升其探究能力。

安幼生命教育课程18年持续实践探索、突破与优化，打造了"安幼童年的院子"，成就了儿童有趣且有意义的幸福童年！相信在未来，安幼人一定会持续学习反思研究，不断总结经验，一起向着未来，为儿童全面健康发展再立新功。

诸佩利

2022年8月

前言一
守护·尊重·成就
——幼儿生命教育的18年持续探索

安亭幼儿园毗邻上海国际汽车城。2003年年末，一起车祸使全园教师受到了强烈的震撼：一名大班女孩在离开超市过马路时，被一辆疾驰而来的轿车撞出十几米远，不幸去世，女孩父母悲痛欲绝。全园师生沉浸在悲痛之中，孩子们产生的情感激荡和心理冲突，激起了安幼所有教师对幼儿进行生命意识启蒙教育的强烈愿望。

生命是一个极其复杂的概念，而认识生命与周围世界、其他生命之间的关系和联系更是难上加难，对幼儿进行生命教育可能吗？身边传来这样的疑问。

2001年国家颁发的《幼儿园教育指导纲要》规定，"幼儿园必须把保护幼儿的生命和促进幼儿的健康放在工作的首位"。我们认为，保护不仅是成人对幼儿的保护，更主要的是让幼儿自身产生关爱生命的意识，主动学会保护生命。研究生命教育不但符合时代的发展要求，能激起人们对生命的敬畏与热爱，更具有深远的教育意义，回归教育本源，让生命教育滋养每一个孩子生命的美好生长。

18年来幼儿园遵循生命特性与幼儿成长规律，持续生命教育课程实践研究。以四项市级课题深度推进，经历了守护生命、尊重生命、成就生命三个阶段，用生命教育为每一个幼儿当下与未来赋能。我们面临着以下三个问题和挑战：如何保护每一位幼儿的生命，使之健康成长？如何遵循幼儿生命成长规律，系统架构生命教育课程？如何创新实践，让生命教育为幼儿未来成长赋能？

我们经历了三个阶段的探索：守护生命（2003—2006年）、尊重生命（2006—2015年）、成就生命（2015年至今）。

如何站在尊重幼儿生命性和主体性的立场上保护每一位幼儿的生命？2003年，我们借力市级课题"幼儿生命意识启蒙教育的探索与研究"，从内容、原则、途径与方法等实践层面积极探索，形成生命教育系列园本活动，幼儿自护能力得到提高，师幼珍爱生命的意识逐渐形成，课题成果获区科研成果奖一等奖。但在此过程中我们发现，在活动设计中儿童的年龄特点并未凸显，于是我们的研究从守护生命走向尊重生命的探究之旅。

2006年，我们围绕如何遵循幼儿生命成长规律系统架构生命教育课程，先后以两项市级课题"3—6岁幼儿生命教育内容和方法适宜性研究"和"基于体验的幼儿园生命教育活动范式研究"为突破口，从家园社等影响因素研究入手，探索形成幼儿生命教育适宜内容的阶梯、行动实践法等六种生命教育方法。在实践中强化尊重儿童学习方式，回归儿童体验本体价值，让儿童在自己所处的生活世界中建构其对于生命的认知和认同。我们不断凝练基于体验的生命教育活动范式，研发生命教育核心经验序列，系统架构生命教育课程，获上海市第七届教科研成果奖二等奖、长三角"我的教改实验"征文比赛三等奖。从研究中我们越来越明白，幼儿生命教育的责任存在于守护生命、尊重生命的过程中，要面向未来，为孩子的可持续发展奠定基础。于是，我们的课题从守护生命、尊重生命走向成就生命的研究。

2015年，我们围绕如何基于儿童立场，让生命教育成就幼儿可持续发展，依托市级课题"基于儿童立场重构生命教育的循证研究"，从三个方面取得突破：生命教育资源突破，从室内到户外,让幼儿在大自然中觉知生命的多样性与丰富性;创生个性化选择、多样化体验的生命教育课程经历,让幼儿生命如期绽放,成就有意义的幸福童年;彰显儿童话语权,在自主思辨、主动发现、深度探究中提升核心素养,为面向未来做准备。经过实践探索,我们优化和完善了课程体系,极大激活了每个幼儿成长的主动性,安幼被评为上海市示范性幼儿园。

守护生命、尊重生命、成就生命这三个关键问题一脉相承,阶段推进,逐步深化,将幼儿生命教育从守护生命到尊重生命,最终引向实现幼儿自我成长的美好目标。生命教育课程也在基于问题不断调整反思中得到突破与优化。

18 年生命教育的实践探索,让教师不断更新观念,让相信儿童的理念落地生根。 基于实践不断深化相信儿童的理念内涵,从教师唯一走向师幼共建,从接受走向相信并放手赋权,秉持"关爱生命,润泽花开"的办园理念,关注一日活动的各个环节,敏锐地捕捉生命教育的契机,让生命教育不仅仅局限在设计的活动中,而是在教师和孩子相处的每一刻,从幼儿的真实需要出发,为幼儿提供适宜的支持和指导,关注幼儿的个体差异,充分激发幼儿的自主性,对不同需求的孩子开展适宜的生命教育,唤醒成就每一个农村孩子的潜在生长力。

18 年生命教育的创新实践,让生命教育活动真实地支持每一位幼儿自主成长。 生命教育活动彰显儿童话语权,幼儿对外通过课程 10 中心、小安主题系列活动、61 个 STEM 项目活动等充分探索外部世界;对内关照儿童精神世界,通过 30 多个儿哲话题在与自己、与自然、与社会的充分联结中自由表达、智慧生长。调查问卷结果显示,我园生命教育效果最为显著的是亲近自然,其次是敬畏生命、懂得感恩、悦纳自己、融入群体。大班具有关爱生命意识的幼儿达 98%,家长对幼儿发展满意率达 99.85%,在示范园评审中专家与同行对我园幼儿发展情况充分肯定。每一个幼儿在每天的丰富活动中充分按照自己的发展速率成长,变得**爱生命、爱探究、善思辨、乐合作**,每一届毕业生都深受周边小学老师喜欢。

18 年来,以四项市级、六项区级课题持续深度推进生命教育课程实践,从适宜的内容与方法研究到回归儿童的实践研究,生命教育课程体系完整建构,指向为幼儿生命成长赋能的生命教育课程实践引起了同行和媒体的高度关注与肯定。我园出版了《呵护生命》《小餐盘大学问》两部专著，发表文章85篇，我园生命教育在《中国教育报》《上海托幼》等核心期刊登载，研究成果获上海市第六届教科研成果奖二等奖，区第六届、第八届科研成果奖一等奖。

教师在相信儿童、追随儿童的专业成长中不断实现超越，个人获市级及以上奖24项、区级奖42项。我园举办全市"新秀教师在课堂"活动，以《公平这件事》一课与浙江特级教师同台展示，承办市评优一等奖教师专场展示，受到好评；培育了市十佳校园长、特级教师，获得市中青年教师评优一等奖，输送区域幼教科长、学前教研员、正副园长13名。

近5年来，我园对外展示近45场生命教育实践成果，接待来自云南、四川、江苏、浙江等13个省市及本市浦东、黄浦等近10个区幼教同仁达2100余人次。生命教育成果得到上海市教育行政部门充分肯定，在全市"保教质量提升专题研讨会"、全市校园长培训会、市课改30年研讨会上做成果交流推广，在全国生命教育园长大会上和浙江省温州市等地做成果推广辐射，影响广泛。

余海玲
该成果获上海市优秀教学成果奖一等奖。

前言二
打造理想中的童年院子

　　安亭幼儿园的生命教育在前期长达 10 年的探索中，梳理形成"我与社会""我与自然""我与自己""健康与安全"等板块的幼儿生命教育内容，教师精心研发设计各类生命教育特色活动，形成了系列园本教材。生命教育的研究好像搞得轰轰烈烈，实际效果却呈现短期效应或成效不明显，特别是我们看到无论是教师还是幼儿都对近在咫尺的花开花落等生命现象熟视无睹，不禁让我们陷入反思，为什么我们辛苦设计开展的生命教育活动价值不能在孩子身上见到实效呢？于是我们进行了复盘，发现在资源的使用上大多指向生命教育绘本，活动的地点更多指向室内，组织形式指向集体教学。

　　这时，我们不禁发出一个疑问：

　　这真的是我们所期待的生命教育的样态吗？生命教育难道只能在室内、由教师设计主导吗？

　　大量的前期实践表明，幼儿对生命的认知在于他感受理解生命的存在；幼儿园自然环境是幼儿知觉生命最真实的活动载体；幼儿在自然中发现、探索的过程，是直接体验生命的奥秘和进入主动学习的过程。

我园景色优美，蕴含着春、夏、秋、冬多样化的生物周期性成长的资源。2015年，在区域大视野课程的孕育过程中，我们做出一个大胆的决定：生命教育从室内走向户外！

怎样让户外环境指向生命教育？

首先，我们对幼儿园的四季资源进行全面盘点与顶层设计，与生命教育的课程内容、儿童经验进行衔接，对185棵树进行归类，调整品种，有春天的桃花、柳树，夏天的石榴、绣球，秋天的桂花、银杏，冬天的蜡梅……让四季资源更显性，也为孩子体验和感受生命价值提供真实的活动载体场域，支持我们研发的小安活动系列的阶段性实施，支持幼儿充分探索与体验。

其次，给予充分的探索与体验的机会。我们提出"欢享户外、长短交互"的实施原则，坚持"能在户外的尽量在户外"，我们建立适合幼儿与自然环境互动的课程实施制度，如"123"环境创建法则，即1个核心——安全自主，2个重点——基于经验和真实体验，3个关注——关注个性需要、关注互动方式、关注个体表达。从儿童需要出发，建立一系列课程保障制度，让幼儿园的每一寸土地都能亲近、每一处花树都能触摸、每一位员工都提供支持，促进生命教育内容与环境资源整合。如在"找找山坡最高的树"项目活动中，求助门卫叔叔提供修理测量工具；小池塘也实现了从只能看—走近—走进的迭代；总务教师为幼儿雨天活动提供雨具。这样，无论刮风下雨，幼儿都可以自由自在地穿梭在美丽的院子里。时间有保证和空间不受限制，让孩子按照自己的节奏和方式进行探索与发现。

在不断的观察与研发中，充分挖掘资源显性与隐性特点，设计儿童可能产生的探索内容及发展价值，确立课程10中心资源图谱（如图1所示），让教师在实践中更支持幼儿的个性化选择和多样化的生命探索，支持幼儿在山坡上的多样化体验，整个户外场地支持幼儿充分感受生命多样性与丰富性。瞧，幼儿观察活蹦乱跳的蚂蚱、看蚂蚁搬家、带着乌龟散步、寻找竹笋王、为小鸟制作喂食器、背阴山坡中发现小昆虫真的喜欢躲在阴暗湿润的草皮下，感到兴奋不已，充分感受生命的多样性与丰富性，珍惜生命……

看着小山坡、大草坪等场地也都成为孩子们最爱的生命探索场域，我和其他教师都很欣慰，我家的院子里渐渐散发出童年时特有的到处洋溢着生命教育的味道！

▲ 图1 指向自然探索的课程资源图谱

在一次接受"六一我想这样玩"的采访时，一个孩子说，想在山坡上和朋友一起看本书。"我想坐在树下发会呆""我想和朋友在草地上野餐"……这些愿望叩问着我们的内心：

成人期望的院子真的是孩子们认为理想的童年院子吗？

于是以小山坡为例，我们采访了解孩子们最期望在小山坡上做的事？孩子们畅述自己的心愿，书写愿望清单：我想和好朋友在山坡上自由奔跑、每天和动植物做朋友、春天很美可以好好玩耍、秋天去寻宝、冬天来一场冰雪游戏等。由此我们梳理形成"山坡30+N件事"（如图2所示），把院子真正还给孩子，期待院子成为孩子们心中"我的童年院子"。

看：我们的山坡很特别，两个高低起伏、大小不一的山坡中夹杂着潺潺流水。

图 2　山坡 30+N 事

　　孩子们充满野趣与挑战的山坡运动：小班孩子探索身体骨碌骨碌滚动、中班孩子用力推着自行车上坡，小心控制身体下坡、大班孩子正在合作怎么快速滑草又控制车速……

　　花园里、池塘中、大树下的自由嬉戏：小班孩子用不同的工具忙着舀水浇花、中班孩子正在进行树叶船漂流比赛、大班孩子走进池塘清理树叶……

　　几个小女孩正在采集漂亮的花草树叶制作植物手环，男孩们用柳叶帽玩打仗的游戏……

　　"特别的丽丽"正做着她最喜欢的树叶恐龙，准备她的第一次恐龙展……

　　池塘浮桥、潜水艇的科学探究……

　　有意思的花园劳作、草坪上的闲暇发呆……

　　童年院子以它独特的魅力源源不断地生发出滋养孩子们个性成长需要的课程力量，渐渐成为"我的童年院子"！

　　看着儿童生动活泼、绽放力量的活动现场，我有时也又激动又纠结，生命教育有没有被弱化呢？这个疑问一直时不时地会在我内心徘徊。

　　每年的三月，小山坡需要养草三周，处在封草期，有的孩子说，我们要保护小草，小草才能长得有力量，有的孩子说："那山坡上，我们每天都要运动啊，运动才能身体健康。"一场"我们运动重要还是小草生长重要"的哲思辩论被引发，最后孩子们说："我们每天运动很重要，但我们可以去其他地方运动，小草只能在这里生长，我们就让让它吧。"孩子们关于小山坡养草的讨论，是基于对小山坡的喜爱及捍卫自己权利的体现，但在两难问题中孩子们体现出更高层面的对生命的尊重！这是生命教育的最美时刻！生命教育的种子已经在幼儿心中扎根！

与此同时，在教师的一系列的反思手账中，我看到孩子们在一日生活中勇敢自护、好奇探究、乐于挑战、喜欢创造、关爱生命、热爱生活，更看到教师们的生命教育已经根植在日常生活中。

生命教育没有被弱化！在不断变革中，生命教育从教师主导到关注儿童立场，从关注课程内容传授到关注课程经历，再到关注幼儿的经验积累，从关注课程经历到关注幼儿成长经历，资源从取向单一走向立体多维，形成了基于儿童立场的活动操作指引，课程资源图谱也迭代进阶为指向幼儿成长经历的2.0版。我们实现了迭代成长。

成就儿童心目中的童年院子不是一蹴而就的。

院子的不断进阶，承载着我们基于儿童立场的思考与设计，让童年院子不仅具有课程力量，而且具有生生不息的生命力量！整个过程更是教师儿童观课程观转变的过程！我们将坚守初心，不断探索，支持孩子们在童年院子里，按照自己的需求、意愿，在与自然、与自己、与社会的连接中获得丰富的课程体验，为儿童的可持续成长奠基！

余海玲

该文是在上海市托幼处、市教研室举办的"幼有善育 我们在行动"专题研讨会的发言。

专家寄语

首先,真心祝贺安亭幼儿园"守护·尊重·成就——幼儿生命教育持续18年探索"的研究,获得上海市第三届基础教育成果评选一等奖,这是余海玲园长领导的团队,为嘉定,也为幼教获得的一个含金量颇高的研究成果。可庆可贺!

另外,我也要特别感谢嘉定区教育局和教育学院组织的这场成果报告会,将好东西与大家分享,并在互相学习借鉴中,实现共同进步,共同发展。

刚才,余海玲园长全面介绍了她们的研究成果,把18年的研究,浓缩在这20分钟里了,全是精华,尽是精彩。我学习了她们的研究成果,非常感慨,我觉得值得我们大家学习的东西很多,由于时间关系,我把自己的学习体会,归纳为:

一、心有所信,方能远行!——为安幼18年的坚守与执着点赞

18年前一个孩子的一场车祸,让安幼老师产生了强烈的情感激荡,唤起了她们对幼儿进行生命教育的爱的情感愿望和探索生命教育的理性需求。于是，一届又一届孩子，一茬又一茬老师，开始了生命教育的持续研究。整整18年，围绕一个目标——让每个孩子安全、健康、幸福地成长；坚持做一件事——让健康教育深深扎根在幼教人心中，扎根在幼教课程之中。在逐步解决"是什么""为什么""怎么做""做得如何"等系列实践问题的过程中，追寻生命教育的真实意义，实现生命教育的深刻价值。这种在信念的力量下，坚守与执着的探索精神，才能让安亭幼儿园"方能行远"，收获骄人的成绩。

二、守正创新，面向未来！——为安幼生命教育的探索与实践点赞

安幼的生命教育，经历了守护生命、尊重生命、成就生命的三个阶段。这三个阶段，体现了一个研究从初心时的朴素情感——保护孩子、守护生命，不断升华到教育者的崇高使命——成就生命、赋能未来，充分体现了安幼人的专业自觉和专业智慧。在这个探索中，有以下几个方面的经验，是可圈可点、值得学习的：

第一，价值意识。 任何一个研究、一个课程，在方向上、价值取向上要正确，这是一切的根基。安幼始终坚守的一个价值取向是：守正创新。那么，"正"在哪里？"正"在一切为了幼儿，为了幼儿当下的幸福和未来的发展！这是一个辩证关系，既不能牺牲当下，为了未来，更不能只有当下快乐，没有未来发展意识。守住了这个辩证的、科学的"正"，"创新"才有力量，"创新"才有源源不断的智慧。所以，她们的守护生命、尊重生命，可能更多的是当下的幸福，而成就生命，是为未来的可持续发展赋能。

第二，课程意识。 生命教育，如果只是开展一些活动，或者在一时一事上下点功夫，是短视行为。安幼人把生命教育镶嵌在课程中，让她发挥持续的、实质性的作用。因此，安幼人经过几年的努力和探索，以系统观、整合观为指引，对生命教育课程进行了全方位的设计。刚才余园长的介绍中，我们感受到了从课程目标（那棵绿色的大树中：身体好、习惯好，爱生活、爱创造，初具关爱生命意识的健康儿童），到课程内容（从人与自己、人与社会、人与自然三方面出发的"课程十中

心资源图谱""童年院子"等)。又如,课程实施(如,建立了适宜幼儿与自然环境互动的课程实施制度,如"123"法则:1个核心——"安全自主",2个重点——"基于经验和真实体验",3个关注——"关注个性需要、互动方式、个体表达",让幼儿园的每一寸土地都能亲近、每一处花树都有生命的发现、每一位员工都提供支持),还有课程评价等。对课程进行全方位的架构、整体性的思考,让安幼的生命教育课程真正建构起来了,并有效实施、推进,使幼儿在生命教育的课程土壤里,健康快乐地成长!

第三,课题意识。余园长的介绍,非常打动我们的是18年来经历的三个阶段,每个阶段都是在问题驱动下开展研究的,都经历了"问题—行动—成效与反思"的过程。其间,三个阶段有四个市级课题作为专业引领,来解决真实的实践问题。课题意识、课题能力,以及课题研究带来的成效,使生命教育不断跃上新台阶。例如,一方面,通过童年院子、小安主题系列活动、61个STEM项目等活动,幼儿对外部世界充分探索,发现和感受生命的奥秘;另一方面,又让幼儿对自我的内部世界产生兴趣,关照儿童的精神世界,并挑战和激活幼儿质疑性思维、预判性思维等核心素养,为孩子的未来成长赋能。所以,安幼为了幼儿,开始了儿童哲学的研究,刚才"小草案例""小鸟案例"就是孩子们思辨能力的表现。安幼积累了30多个儿哲话题,让幼儿提升综合素养,赋予他们面向未来的能量。

第四,成事成人意识。生命教育的研究,获得了骄人的成果,"成事"了(课题获得了上海市一等奖,幼儿园评上了市级示范园等)。更重要的是人在改变,也"成人"了!18年来,从安幼走出了上海市十佳校园长、特级教师,嘉定区学前教育科科长、学前教研员;输送园长、副园长13名,上海市中青年教师评优一等奖获得者等人才。近三年教师个人获奖市级22项、区级39项,论文案例发表与获奖全国4项、市级37项、区级21项,教师专业发展迅速。这儿特别要说一下余海玲园长,在12年的带领团队成事成人过程中,她个人也在改变着,她的教育信念、信仰更坚定了,教育智慧更鲜明了,课程领导力更强大了。总之,整个团队的凝聚力在变化,产生了"专业蜕变",一种具有嘉定独特文化味道的教育气质在逐渐形成。

三、未来期待

安幼，从一所农村幼儿园一路走来，坚持生命教育研究，获得了不凡的成就、不小的影响力！

未来，期待安幼：

第一，借着上海市提升中小学（幼儿园）课程领导力行动项目（第三轮），把生命教育研究成果"产品化""成果化"，更好地辐射全市，服务更多的幼儿园，更好地发挥示范园的引领、示范、服务作用！

第二，不断强化"问题意识"，18年前有18年前的问题，现在发展到一个新的高峰后，依然会有新的问题与挑战。我们共勉：做一个清醒的、专业的教育工作者，不断反思发现新的问题，制定新的目标，落实新的行动，成就新的发展。

愿我们共同努力，为了每一个孩子的明天，也为了我们民族的教育事业的明天！

谢谢安亭幼儿园，谢谢大家！

黄琼

2022年11月15日在嘉定区教育研究成果展示会上的点评。

目录

序言	001
前言一　守护·尊重·成就 ——幼儿生命教育的18年持续探索	003
前言二　打造理想中的童年院子	007
专家寄语	012

春的印记　　003

桃缘	004
小安护草行动　呵护生命成长	009
竹笋保鲜战	014
和春天的约会	020
特别的寻春之旅	025
野菜那些事儿	030
我们眼中的清明	033

夏的喧闹　　039

探索树叶船	040
植物吹泡泡	044
一起去打水	049
竹林音乐会	053
藏在告别里的时光	057

夏日云上野餐会	062
与"粽"不"童"端午节	069

秋的多彩　　　　　　　　　　　　　075

金秋桂花香	076
树叶收集器	080
小花园里的茶香	084
一棵柿子树的故事	087
小小花园的大收获	090
会响的小路	094
校园里的中草药	097
与落叶来次亲密相会	101

冬的静谧　　　　　　　　　　　　　107

给冬日里的小鸟一点"温暖"	108
冷冷的冰，暖暖的心	114
让植物温暖过冬	118
收集阳光	124
冬日里的冰雪游戏	127
猫窝	135
一起过元宵	141
"一起向未来"	149

与动物约会　　　　　　　　　　　　159

仓鼠的新家	160

特别的羽毛	166
看蚂蚁搬运食物	170
蚯蚓大探秘	174
兔子钻山洞	178
寻找小乌龟淘淘	184
是谁吃了我的叶子	191

和同伴玩耍　　197

山坡上的泡泡秀	198
护眼行动	201
森林酒店乐陶陶	205
名画模仿秀	208
窗边的鸟窝	212
蛋趣横生	216
一场特别的云端连线	220
值日生	224
和孩子一起去菜地玩出新花样	231
有趣的雾气	235
浇水器探秘	239
寻觅气味	243
保护种子大行动	247
空中花园畅想曲	252

后记	257

春的印记

　　春天的到来，给大地换上了绿衣裳，从表到内都焕然一新，一切都变得更加翠绿了。院子里的山坡上，小草也悄悄钻出地面；院子里的小花点缀出嫩嫩的绿芽来；院子里的小叶儿像一个个刚睡醒的胖娃娃，春色给院子点缀上新的绿意……

　　孩子们和春天一起玩耍，连春雨都是孩子们的玩伴，一起在大自然赋予的院子里尽情地欢乐，与春天共享独有的美丽景色。

　　春天，这院子里还在延续着各种有趣的故事……

桃缘

陆怡

小二班门前的小花园有这么一棵桃树,在不经意间成为当下幼儿在户外探索活动时最关注与喜爱的焦点,孩子们与桃花的缘分也就此不期而遇……

初遇

这一天,安琪和绮绮在小花园里做小园丁。

"哇!我看到了一朵桃花!"安琪顺手指着那朵开放的桃花,惊呼着。

"粉粉的,好可爱!"绮绮不禁拍起手来,随即跑去工具篮里,拿了一个放大镜来观察这一抹粉粉的生机。

"什么时候能开出更多的桃花呢?"安琪提出了疑问。

"别着急,小花一天天长大,我们要耐心等一等!"绮绮若有所思地说道。

▲ 图1 初见一朵桃花开放

在之后的区域活动分享环节，她俩积极并兴奋地向大家介绍了自己今天在自然角的惊喜发现——一朵粉粉的桃花。我想抓住这次契机，让幼儿走近桃花、认识桃花。可问题也由此引发："如何能够更好更进一步地观察与认识桃花的生长过程呢？"我随即将这个疑问抛向了全体幼儿，没料想到的是，他们竟热火朝天地开始议论起自己的创意与想法。

探秘

就这样，基于幼儿内心主动的探索需求，在与幼儿的思维互动与智慧碰撞中，最终我们决定了运用"看""记""做"等形式来探寻桃花的生长历程。我们利用各种观察工具去尝试定点观察桃花的形态。

为了满足自己的直观视角，让观察更清晰，孩子们想到踩在小椅子上的方法，并且在观察后马上与同伴们分享自己肉眼所见的"小秘密"。他们也喜欢在自由活动时间，利用平板电脑、录音笔去捕捉记录桃花的美丽瞬间与惊喜变化。

▲ 图2 利用工具观察

▲ 图3 记录桃花生长

当幼儿们对桃花的关注与喜爱与日俱增时，观察与记录已远不能满足他们内心对美的事物的追求。在一次分享会上，幼儿们就突发奇想，想要来尝试画一画这美丽的桃花。面对如此有意思

春的印记

的想法，我当然是立马举手赞同，为幼儿创设尽可能丰富的多元的创作环境，提供相应的创作材料，并鼓励与支持幼儿们想出更多能够创作表现桃花的方式，也在一定程度上更进一步催化他们对于"桃花"的喜爱之情。

图4
户外写生

图5
彩泥捏花

创生

探索桃花的生长历程已持续了一些时日，当幼儿都沉浸在桃花日趋纷繁的美景中时，料想不到的事却又发生了……

这一天，孩子们和往常一样来到小花园，只听闻一声大叫："啊！好多桃花掉地上了！"绮绮的一声叫喊引得孩子们纷纷前来围观。

"桃花花瓣都掉落了，该怎么办啊？"安琪着急地问。

"花瓣那么漂亮，不如把它们捡起来吧！"大伙迅速达成了一致。

"捡来的花瓣可以做什么呢？"我随即抛出疑问，孩子们立马想到了很多有趣的点。

"桃花可以泡茶喝，变成桃花茶！"雨琦首先想到。

"可以用桃花花瓣做一个粉粉的漂亮的手环呀！"佳怡已按捺不住期待的神情。

"桃花花瓣可以变成一幅美丽的画!"

"我想捡更多的花瓣,可以下一场花瓣雨!"

……

孩子们在听了同伴分享的奇思妙想后,都露出了惊喜而又期待的笑容,便又紧锣密鼓地开始了桃花的"创生"行动,忙碌并快乐着。

我想由衷地感谢这份"失而复得"的体验,让我们的孩子们再一次燃起对桃花的喜爱与追求,并且自发主动开始创想如何延续桃花的生命与价值。

明天他们又会把桃花变成什么样的惊喜呢?一切都未完待续……

图6 用木板将桃花压干

图8 桃花书签

图7 做桃花手链

图9 桃花手链

教师随想

在与桃花结缘的这段日子里，我们欣喜于幼儿的转变和发展，他们正与桃树共同成长着。他们的发展不仅来自探究能力的提高，还源于探究精神的转变：爱观察、会发现、愿表达，这就足以证明幼儿的探究品质正在不断地被熏陶与强化。真正的探究必然是在内在兴趣牵引下的行为，而非被动完成教师提出的任务。识别儿童的要点，在于识别他们的兴趣，再为兴趣的纵向和横向发展提供支架。当幼儿产生真实兴趣时，对于生命的探究也就获得了不竭的动力。

幼儿的身心是一个整体，多向度的发展才符合幼儿的成长需求。多元素养的发展则要以幼儿深度参与活动为前提。只要幼儿的兴趣被调动起来，当他们乐于观察、思考、探究和表达时，活动便会从单纯的探究向各个领域进行整合与延伸。正如小树总要向阳生长，幼儿内心都有追求成长的本能，多方面的活动经验会被吸收到幼儿的心灵中，成为他们成长的精神养料。

"桃缘"会延续下去，幼儿们的探究兴趣与热情也会随之一同延续。我猜想，在之后的探究过程中，定会有更多更有趣的探索热点，如同雨后春笋，不断破土而出，展现出勃勃生机。让我们继续期待着幼儿们赐予我们的"哇时刻"吧！

小安护草行动　呵护生命成长

程梦怡

早春三月，安亭幼儿园的孩子们看到山坡上的小草没有像往年一样碧绿青翠，孩子们有疑问也有担心，在讨论后，孩子们制订测量计划，和老师共同完成采购清单，亲手制作邀请函，拉警戒线封草，小安们（指安亭幼儿园的孩子们，后同）在亲身体验的过程中萌发热爱自然、守护生命的意识。

一场儿童讨论会

活动前，小安们进行了一场主题为"小草需要保护吗？"的哲思会，探讨校园植物生长的价值，从关爱生命、爱绿护绿的角度总结了为什么要举行"封草仪式"，并且了解植物的生长与幼儿需要运动游戏之间的矛盾冲突。孩子们通过讨论与思辨，认识到人类需要在大自然中获得更多的快乐，但是在快乐的同时也要保护自然中的花花草草。

图1
儿童讨论会现场

一份封草计划

为了在春天生命成长的关键时期保护小草，封草计划势在必行，孩子们开始行动了！

孩子们自制调查表、记录表，统计我们的幼儿园一共有多少草皮以及各自的生长情况。细心的孩子们把每块草皮的长度记录下来，并在教师的指导下计算出草坪的周长，展现了勇于探索的创新精神和善于解决问题的实践能力。

封草需要用什么材料呢？孩子们调查了各种各样的线，并收集不同的线进行比较、尝试，最后通过投票确定了适合做警戒线的封草线。孩子们设计了详细的采购清单，线的品种、长度、提供时间等信息一一罗列，请总务归老师帮忙采购我们需要的各种材料。

图2
自主制定
采购清单

图3
委托老师
帮忙购买

封草需要多长时间呢？小安们通过资料收集，调查小草的生长周期和时长，讨论确定计划封草的周期：3—4周。希望在封草仪式后，小草能茁壮生长。快来看看我们对美丽的校园山坡景象的憧憬吧！

封草计划的前期调查和设计实施离不开爸爸妈妈的支持和帮助，小安们想在这隆重的一刻邀请爸爸妈妈一起参与，于是孩子们亲手制作了封草行动的海报和宣传画，这是一份盛情的邀请！

一场封草仪式

封草行动当天，幼儿和教师共同回顾活动前期开展的各项准备工作，在安幼的自然环境现场，拉起警戒线、幼儿合作挂上自制的宣传画和警示标志。在封草仪式中进行宣誓，表达自己爱绿护绿的决心，大班哥哥姐姐向中班弟弟妹妹交接小红帽，将护绿的责任传承给弟弟妹妹。封草仪式结束后孩子们开展游园会活动，师生共同参观幼儿园，了解封的区域、观察小草的生长情况、欣赏同伴创作的宣传画与标志，帮助幼儿树立起爱绿护绿的意识。

▲ 图4 拉起警戒线

▲ 图5 封草仪式现场

一次投票行动

在封草行动持续的14天中，孩子们时刻关心着小草的长势，利用每天"小安找秘密"时间，测量记录着小草的成长情况。经过14天的封草期后，我们又开展了一次儿童哲思会，了解孩子们对于"封草行动"的新想法与新转变。在了解幼儿内心想法的基础上，我们进行了一次投票活动，让幼儿通过投票，来决定"封草警戒线"的去留。我们从孩子们的表达中了解他们对于"封草行动"的想法，让我们看到了他们爱绿护绿意识的提升，爱护小草的意识已深深走入了他们的内心。

▲ 图6 幼儿现场投票

一份亲子引导单

园内"封草行动"暂时结束了，我们更希望通过生命教育主题活动的开展，唤醒幼儿及其家长心中那份对生命的关爱之情。家长作为课程建设的重要组成部分，我们重视家长对活动的评价，也积极引导家长加入我们课程的设计、实施和评价中来，成为我们课程的创生力量之一。通过亲子的形式，发挥家长在课程中的作用，共同参与到活动的设计实施中，以家庭为单位开展一系列有意义的爱绿护绿行动，真正将这颗关爱生命的种子播撒进幼儿的内心。

 教师随想

"封草行动"来源于孩子们对于山坡小草生长的关注。他们关心身边的动植物，敏锐地发现了小草生长的问题。这引发了他们想要"保护小草"的想法。教师基于孩子们的真实问题，和孩子、家长共同发起了一场"封草行动"。我们尊重孩子的话语权，满足他们的兴趣，针对孩子们的不同问题开展了各种各样的班本化活动，丰富的活动使幼儿收获不一样的成长经历，幼儿的活动需

求得到满足，关爱生命的情感更强烈，科学探究的能力得到提升，想象能力得到发展，接纳合作、自信表达的意识得到激发，分析反思、发现问题、解决问题的能力得到发展。

同时，这些活动也成了我们扩大儿童话语权的载体，通过儿童哲思会的方式，在"运动 vs 小草""需不需要警戒线"等话题的讨论中，教师得以倾听孩子们内心真实的想法，感受他们对于生命的关爱之情。这场轰轰烈烈的"封草行动"真正将关爱生命的这颗小种子播撒进每一位孩子、家长、教师的心中。

竹笋保鲜战

朱晔

　　每个人的童年院子,是不是都有一片小树林呢?在我们安幼,就有那一片属于孩子们童年的小竹林。春天到了,竹笋在春雨的浇灌下,慢慢地探出了小小的脑袋。"哇!好多竹笋宝宝哦!""这个竹笋已经长得很高啦!"……面对竹林的竹笋,孩子们的好奇心和新鲜感被一下子激发出来了。于是在他们的要求下,我们挖了两个小竹笋,放在班级小花园中供孩子们观察。

如何让竹笋保鲜

　　每天早晨,孩子们来到小花园里,总是不忘记去看看"竹笋宝宝",1天、2天、1个星期过去了……

　　"老师,我们的竹笋宝宝怎么身上有点黑黑的东西。"

　　"它的叶子都卷起来了!"

　　"我感觉它扁掉了。"

▲ 图1　发霉的竹笋

"我闻到有点点臭臭的味道。"

……

孩子们发现采回来的竹笋发霉，烂掉了，使孩子们对"生命"有了新的认识。于是关于为什么会烂掉这个问题，孩子们展开了讨论。

"因为时间太长了。"

"一直放在那里，没人给它浇水，它没营养了。"

"那如何帮助竹笋保鲜呢？"

这个问题引发了孩子们再次的思考，他们想了各种办法：

"要给它们晒晒太阳。"

"还要种在土里，浇水。"

"我觉得太热了，要给它们吹吹电风扇才不会烂掉。"

从孩子们的讨论中可以看出他们对竹笋满满的"爱"，但这些办法是否可行呢？于是，根据孩子们的想法，我们支持孩子们开始尝试起来。

小奶牛把竹笋种到泥土里；小灯泡每天都给竹笋宝宝浇水；曼曼在老师的帮助下把竹笋挂起来晒太阳……

▲ 图2 在太阳下晒 　　　▲ 图3 种在土里 　　　▲ 图4 用风扇吹

竹笋晒干能吃吗？

几天过去了，种在土里每天浇水的竹笋身上出现了白白的东西，竹笋还是发霉了！

比较观察发现：铠甲"晒太阳"的方法可行！

"那竹笋晒干了还能吃吗？"这个问题孩子们一时答不上来，引发了各种猜想，大部分孩子说不能吃，因为太硬了，怎么能吃呢？

盲目的猜测和尝试未得到结果，基于小班年龄特点，我们决定借助家长资源一同来寻找最佳解决办法。于是我们尝试设计了亲子引导单，孩子们和家长一起调查，对制作笋干有了一定的了解和经验积累，借助家长资源，让孩子们能更加科学地了解笋干制作的方法。

于是在小花园里孩子们剥起了竹笋……

▲ 图5 剥竹笋　　　　　▲ 图6 剥完的新鲜竹笋

笋干大PK

　　孩子们把剥好的竹笋带回家，家长也给予全力支持、协助，将竹笋"汆水""切片"，第二天陆续把家中切好的竹笋带来学校进行晾晒，有的孩子把竹笋切成了粗条状，有的切成了块状，还有的切成了细条。

　　你们觉得什么形状的竹笋晒得快呢？孩子们进行了自己的猜测和投票，于是笋干大PK开始了。我们提供了"竹笋干了吗？"的记录版面，孩子们借助录音笔或用平板电脑拍摄照片的方式记录自己每天的发现。

　　"我发现笋片皱起来了。"

　　"笋条上有白白的东西。"

图7 在家加工竹笋

图8 笋片皱起来了

图9 笋条上有白白的东西

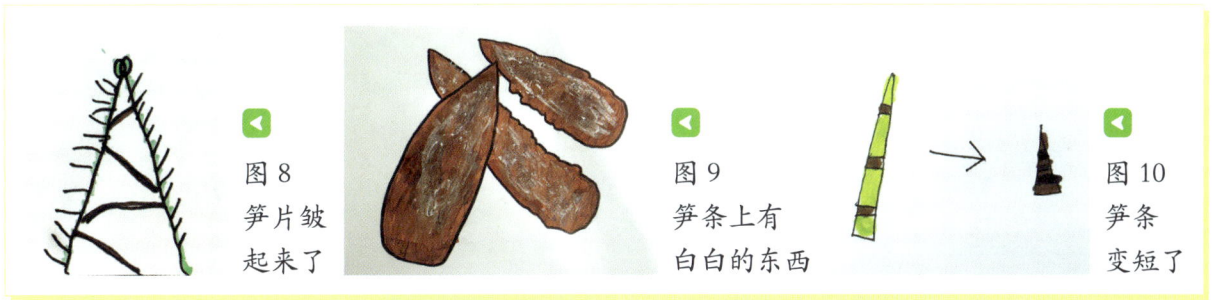

图10 笋条变短了

"小笋条变短了。"

"我今天发现笋片摸上去很硬很硬，大笋条还是有点软。"

……

一个个小小的发现被孩子们记录在墙面上，我们小班的孩子也越来越会观察和发现秘密啦！幼儿们的好奇心带动了他们的探索精神，通过每天观察和记录，在晒竹笋的过程中孩子们也收获了很多宝贵的经验。通过时间对比发现，笋干切得越小干得越快，越大干得越慢，竹笋晒得快慢和所切大小有关。但是笋片也不能切得太小，否则笋片干了会缩小漏到地板上去。

图 11 幼儿发现墙

竹笋晒了大概三四天，曼曼拿起一片笋条观察的时候发现，笋条的背面（压在下面的）黑黑的发霉了，他们发现：笋干躺着晒，需要经常翻动，否则会因为不透气而发霉。经过儿童讨论以及

图 12 晒竹笋

家长调查，孩子们觉得悬挂着晒是比较好的方式，于是我们的第二轮——挂起来晒竹笋又开始啦！

教师随想

对小班的孩子来说新奇的事物特别能引发他们的关注和兴趣。他们尝试用感官去探索世界，乐于提问，喜欢接触大自然的事物。初春之际，当孩子们看到竹林里冒出的竹笋时，显得格外兴奋，他们乐意去亲近自然，去感受生命的美好。然而采回来的竹笋宝宝日渐干枯……这又引发了孩子们的好奇好问，他们对生命也有了新的认识，"为什么竹笋会烂掉？""有什么办法可以让竹笋保鲜呢？"……小脑袋里出现了很多"为什么""怎么办"，从而对生命萌发了敬畏之心。竹笋保鲜是孩子真实的、自然的问题来源。我们植根于他们的生活，支持、尊重孩子的想法去探索竹笋的奥秘，充分满足他们的欲望和需求，去支持和推动幼儿探究。在这个探索过程中，孩子们充分亲近自然、自主选择，不受拘束地收获成长的体验。《3—6岁儿童学习与发展指南》也指出，"自然的、身边的、熟悉的、生活中的事物是幼儿最感兴趣的，对这些事物的探究最能激发幼儿亲近自然、喜欢探究的热情"。

孩子们亲近自然，亲身去探寻如何让竹笋保鲜，在探寻的过程中他们充分感受了生命的多样性和丰富性。然而，亲历体验，无论是大人还是孩子都是非常易于接受的，就像我们玩游戏一样，都喜欢参与，乐在其中。在孩子们亲身体验剥竹笋、制作笋干的过程中，通过家长协助将收获的竹笋进行剥、洗、切、煮、晒……幼儿充分体验制作笋干的方法和乐趣。同时在"竹笋保鲜战"的过程中幼儿遇到了一些问题："用什么方法来保鲜？""大的笋干和小的笋干哪个晒起来快？""躺着晒还是挂着晒？"……面对一个个问题，小班幼儿乐探究、会提问、勤思考，同样具有强烈的探索精神，养成遇到困难不放弃的好品质。

在小安的童年院子里，孩子们能按照自己的意愿、自己的兴趣和需要，自由选择和尝试，在探索的世界中持有童心和童真，从自然环境中感受生命的多样性和丰富性，以及生命的成长，同时生命教育成为儿童自我成长的经历。

和春天的约会

胡晓兰

孩子们喜欢亲近自然，大班孩子对大自然中的风景、季节和气候充满兴趣。春天到了，小安院子里的小草绿了、桃花开了，孩子们在草地上、石头缝里经常能看到小虫子活动的身影，他们对春天的昆虫、植物的变化有着浓厚的兴趣。追寻童年的生命力，孩子们戴上手套和捕虫工具，在小安院子里，沿着山坡、石板路展开了一段奇妙的探索之旅……

捕虫小能手

小田和乐乐在山坡上、草丛中找了半天，一无所获。乐乐说："我们去看看石板路旁边吧，我上次在那里看到过虫子的。"于是小伙伴们在石板旁的缝缝里，用木头棒挖开泥土寻找着。5分钟后，孩子们仍然没有看到任何虫子的踪影。这时小田说："别灰心，我们再去超人游乐场那里找找看，大家跟我走。"接着小伙伴们来到了墙角，翻开绿色塑料草坪，泥土上层有着很多小小的虫子在爬来爬去。

图1、图2 在墙角寻找虫子

乐乐兴奋地说："快看，这里有好多西瓜虫。"洋洋拿出捕虫工具，用绿色镊子追赶着，试图把虫子夹起来，可是西瓜虫爬得太快，镊子刚上去它们就爬走了。一旁的小田着急地说："你小心一点，别把虫子的腿夹断了。"就这样，镊子追、西瓜虫跑，3分钟后，洋洋终于捕获了一只西瓜虫，并把它小心翼翼地放入了观察工具中。

▲ 图3 捕获西瓜虫

小伙伴们带着从小安院子里捕获的"战利品"回到教室，大家围坐在一起讨论了起来，捕虫成功的孩子分享经验，大家都听得认认真真。孩子们通过找虫、捕虫、观察虫的过程，进一步了解了虫子的生活习性，并在仔细观察中发现虫子的特点。最后洋洋提出："虫子也有家，我们应该让它回家。"于是自由活动时，孩子们把西瓜虫又放回到了大自然中。

春天的颜色

片段1

孩子们在山坡上发现了春天的五颜六色，通过分享交流，孩子们纷纷表示"我们明天也要出去找春天"。于是材料箱中又多了各种颜色的水彩笔和白纸。

妞妞和辰辰拿着水彩笔和一张白纸出发了，他们要去寻找春天的颜色。妞妞捡起地上的一片落叶，说："看，红色的叶子，像火炬一样。"接着她把叶子使劲在白纸上摩擦，2分钟后，白纸的边上有了一条红色的印子。辰辰找出红色的水彩笔，在红色印子边上画上了一片红色的树叶。

片段 2

孩子们商量之后,一起调整材料,增加了各种颜色的色卡。

户外探索时间,诺诺拿着色卡,找到了色卡上绿色的树叶,想要把绿色的汁水印到色卡上。她先用叶子直接在纸上摩擦,2分钟后,没有效果。接着她把叶子撕开一点,涂在绿色色卡的旁边,因为太用力,色卡纸被撕破了。

片段 3

通过一场讨论会,孩子们又增加了胶带、剪刀和塑封过的色卡等材料。

鲍鲍和扬扬背着小包包,里面装着剪刀和胶带,手里拿着色卡本来到了山坡上,我也加入两个孩子的队伍。鲍鲍高兴地说:"胡老师也来了,我们今天肯定能找到所有的叶子。"说完,两个孩子一蹦一跳地在山坡上寻找着。鲍鲍在草地上捡起绿色的叶子,贴着淡绿色的色卡仔细比对,扬扬说:"我觉得不是这种颜色,好像是更淡一点的绿色。"接着,我们跑到桃树下,鲍鲍弯下腰,对着色卡本看了又看。扬扬说:"也不是这种颜色,还要再淡一点,我们要找淡绿色的。"看着孩子们坚持不懈的这股劲儿,我说道:"我们再去找找,肯定能找到跟色卡上颜色最接近的植物。"

图 4、图 5 寻找与色卡匹配的植物

听到鼓励后,孩子们继续搜寻。拿着色卡本的鲍鲍跑到菜地边,大声说:"你们快来,我找到淡绿色的叶子啦！"听到同伴兴奋的呼喊声，扬扬快速来到朋友身边，看着一旁的油菜花叶子和色卡上的淡绿色，激动地说："是的是的，两种颜色一样。"接着扬扬小心地掰了一片油菜花叶子，拿出剪刀和胶带，把叶子贴在了淡绿色的色卡旁。

就这样，鲍鲍和扬扬兴致勃勃地去寻找其他颜色的叶子。30分钟后，她们找到了红色、橙色以及黄色的树叶，并贴在了色卡本上。扬扬自豪地说："我们找到了所有色卡上的叶子。"

图6、图7 春天的颜色，任务卡完成

教师随想

孩子们萌发了"找春天"的想法，好奇探究是主动学习的摇篮。于是他们带上工具，在小安院子里尽情寻找春天的脚步。在参与的过程中，孩子们好奇好问，在探索时能主动发现问题并积极探索。他们的生命意识和潜能被唤醒，始终有着探索的愿望，并成为学习的主体，主动性也加强了，这就是好奇心带给生命教育的魅力。

当幼儿的探索行为发生变化，兴趣点转移而不能持续探索时，一场讨论会由此产生。在"说说大家的想法"之后，幼儿主动表达、与同伴互动，重新萌发了探索的兴趣。好奇是探索的前提，孩子们在春天里、小安的童年院子里，对自然中的一切都充满好奇，萌发持续探索的愿望，同时在亲历体验中也能积极主动地进一步探究。

生命发展的方向需要教育和引导，教师的共同参与是持续探索的催化剂。幼儿除了在环境、材料上得到帮助和支持外，还需要教师的适时引导、倾听和鼓励，"老师"转变成"伙伴"，幼儿的探索过程将更投入、大胆。

生命教育是孩子健康成长的必修课，对大自然的持续探索使孩子感受生命、品味生命，让童年时光赋予生命。在小安的童年院子里，万事万物都可以是幼儿探索学习的素材，幼儿身临其境去尝试、学习、探究，最终将获得意想不到的体验和收获。在与春天的约会中，幼儿全身心浸润于童年院子中，更加直观形象地感受到关爱自然和生命的意义。在教师参与、陪伴的过程中，幼儿的探索兴趣更浓厚，在亲历体验中感受自然生命的神奇与美好，进而爱上自然、爱上生命！

特别的寻春之旅

范晓秋

"阳春三月,草长莺飞",正是踏春好时节,今春因为奥密克戎变异株的来袭,在疫情防控下孩子们开始了足不出小区的居家生活。春天到来的脚步不会因为疫情而停下,同样孩子们对春天渴望和探索的脚步也不能因为疫情而止步,居家背景下孩子们依旧用自己喜欢的方式开启了一次特别的"寻春"之旅……

春日赏花云飞花令

因为封控而居家,我班超过一半的幼儿在2+12管控中迎来了春天。窗外是春花烂漫,美不胜收,孩子们就借朗诵古诗词抒发自己对春天的喜爱。班级群里响起了一阵阵软糯童声朗诵关于春天的古诗词,一场线上春日赏花飞花令开始了……

羽菲:《江畔独步寻花》(其六) [唐]杜甫
    王四娘家花满蹊,千朵万朵压枝低。留连戏蝶时时舞,自在娇莺恰恰啼。
宸宸:《游园不值》 [宋]叶绍翁
    应怜屐齿印苍苔,小扣柴扉久不开。春色满园关不住,一枝红杏出墙来。
一诺:《大林寺桃花》 [唐]白居易
    人间四月芳菲尽,山寺桃花始盛开。长恨春归无觅处,不知转入此中来。
嘉楷:《惠崇春江晚景》二首 [宋]苏轼
    竹外桃花三两枝,春江水暖鸭先知。蒌蒿满地芦芽短,正是河豚欲上时。

仁杰：《鸟鸣涧》 [唐]王维

  人闲桂花落，夜静春山空。月出惊山鸟，时鸣春涧中。

辰辰：《春晓》 [唐]孟浩然

  春眠不觉晓，处处闻啼鸟。夜来风雨声，花落知多少。

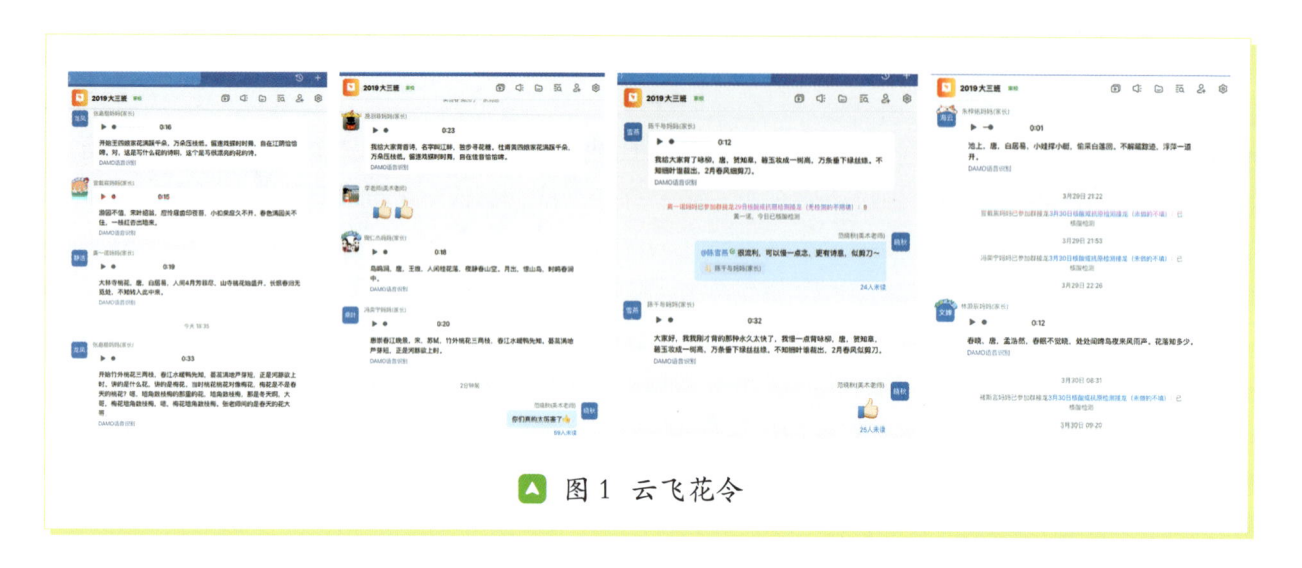

▲ 图1 云飞花令

云飞花令满足了孩子们渴望走出家门寻找春天的愿望，同时抒发了幼儿爱春惜春的情感，表达了自己对春的感受，更是一场古诗词文化熏陶之旅。

云赏花"春日赏花图鉴"

孩子的居家生活也应该是多姿多彩的。幼儿、家长和老师一起共建了"寻春资源库"，内容涵盖"春日赏花图鉴"、手工绘画、运动游戏等。幼儿可以根据自己的兴趣来定制每日寻春小计划，通过"孩子通"班级圈了解同伴的寻春点滴。孩子们最喜欢"外出踏春宝典"，在小区里也能轻松实现探索春天的秘密，每次去做核酸的路上就是一次小小的寻春之旅。

▲ 图2 寻春资源库

瑶瑶：我家的油菜花开了，我用它们插花，还洗了花瓣浴呢。

译今：春天郁金香都开了，我在新闻里看到植物园里好多郁金香花海，我要将春天的美丽记录下来。

斯言：我要变成一只小鸟，长出一双大大的翅膀，飞出去找春天玩。

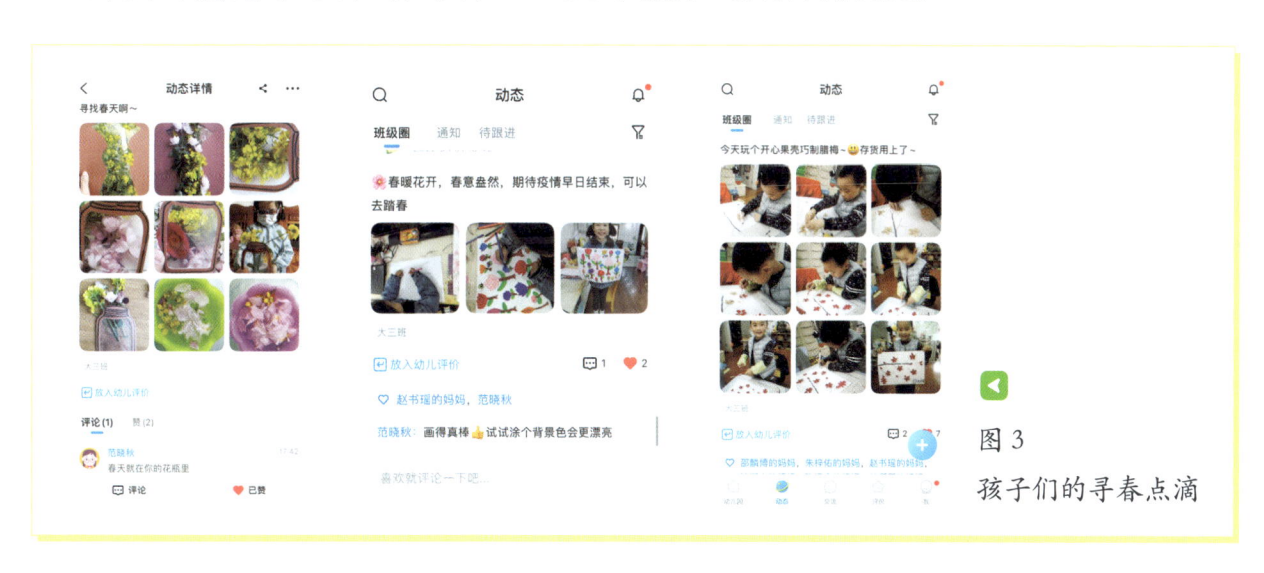

图3 孩子们的寻春点滴

孩子们用自己喜欢的方式寻春，并不断丰富着班级的寻春资源库。每个孩子都能用自己喜欢的方式来寻找他们心中的春天，班级圈里是孩子们寻春、踏春、记录绘画春花的满满体验和欢乐，老师欣喜地看到孩子们探索春天的脚步没有因为疫情而停下。

图 4 孩子们的寻春"记录"

教师随想

在这个特别的春日居家期间，孩子们用自己喜欢的方式寻找春天、感受春天的美好，通过朗诵与春天有关的古诗词，在线上与同伴一起进行云飞花令，领略古诗词意境之美；在父母的陪伴下，跟随"春日赏花图鉴"的脚步，有感而发，说春、绘春；用废弃果壳、鸡蛋托自制春花装扮居家空间，聆听春日鸟鸣、感受春风和煦、闻花香、诵古诗。孩子们惊叹于居家期间自己亲手水培的小葱长出了碧绿葱叶的生命力,从小区里随处可见的每一朵毛茸茸的白色一年蓬小花那里感受春意,生命的可贵在一花一草中融入孩子们的内心。

大自然才是孩子们最好的老师。孩子们通过亲身体验这次特别的寻春之旅来感受春天里大自然的生命力,春生夏长,对于生命之旅刚刚起步的孩子们而言,这场寻春之旅更是一次寻找生命之旅:基于幼儿的真实兴趣和关注热点,满足孩子们的探索需求,孩子们感受到了春天生命之美好,每个孩子学会了珍惜当下美好如春日的时光,为未来人生之路播下生命的种子。

通过这次特别的寻春之旅,孩子们触摸到了生命的美好,感受到了生命的生长力,更体会了生命的曼妙。

野菜那些事儿

朱梦晓

"疫情封控期间,头等大事除了核酸就是买菜。有人0点开始菜场大战,有人早晨6点激情下单,不为梦想,只为吃菜。"春天来了,正是野菜生长的季节。由于疫情肆虐,我们减少外出,于是孩子们就在小区里发现野菜,对其充满好奇,喜欢提问,同时能辨识野菜的安全性,并愿意分享给家长或教师,于是我们和孩子们一起开启云上寻找野菜的探索之旅……

▲ 图1 发现野菜

分享找到的野菜

我们开展了关于儿哲话题"关于野菜那些事儿"的小安茶话会。前期宝贝们根据野菜参考信息本寻找小区内春天里隐藏的野菜,发现并记录,可用绘画、拍照等多种方式记录,简单品尝野菜,感受春天的味道。下面是孩子们就"你找到小区里的野菜了吗?"进行的分享。

阳阳:"老师,我找到了荠菜,荠菜能包馄饨吃。"

敏月:"我发现了蒲公英,还没开花的那种。"

泽恺："我发现了荠菜、马兰头、清明菜、水芹菜、马齿苋、竹笋。我还把它们都记录下来了呢。"

与墨："我们发现了艾叶，可以包青团。"

……

▲ 图2 记录野菜

小区的野菜是否安全？

孩子们在热烈讨论的同时，也分享了一些野菜的用处。我进一步询问道："如果小区里也有野菜，能不能吃呢？"于是展开了话题讨论。

凡凡："小区里的野菜都老掉了，而且很小，不够吃。"

敏月："嗯，老师，小区里挖来的野菜不能吃，因为万一被绿化工人喷洒了那种有毒的东西，该怎么办？"

一漫："小区里的野菜不卫生，所以不能吃。"

宇辰："有些可以吃，有些不能吃。"

泽恺："朱老师，在小区里挖的野菜不能随便吃，要交给专家仔细研究之后，如果没毒才能吃。"

辰辰："不过我觉得应该挖出来，我们认识的、没有毒的野菜能吃。"

………

春的印记

图 3 儿童讨论会

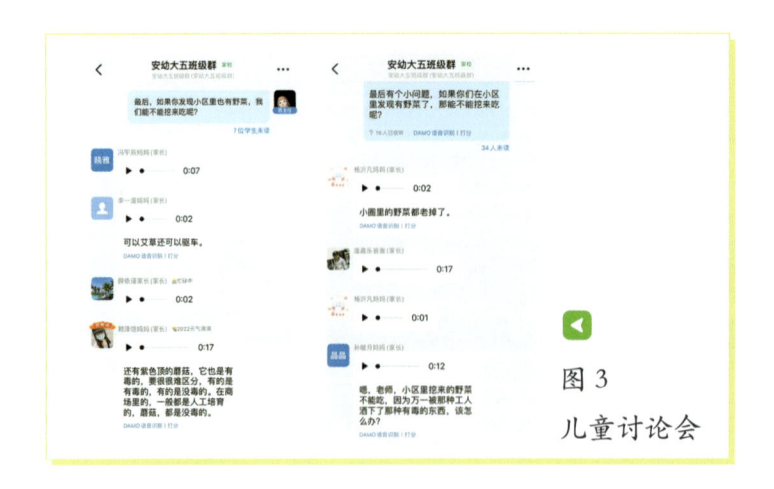

教师随想

孩子们在探索野菜的过程中，能够直接获得多方面的知识和能力；在对生命的呵护、记录与分享这个过程中，家长和孩子们一起观察，孩子们变成了问题小孩或好奇宝宝，于是教师进行提问式引导：你是怎么发现野菜的？野菜能再生长吗？野菜有些什么用处呢？哪些野菜是有毒的呢？孩子们会发现植物的一些变化，体会到生命的神奇。活动由预热游戏激发幼儿活动的兴趣，回忆谈论幼儿发现的野菜更能引起共鸣，把握关键提问，引发幼儿的内心思考，激发幼儿表达兴趣。

在幼儿园里，孩子们也都有种植再生植物的经验，知道原来植物也是有生命的，懂得对生命的尊重和敬畏，因此关于"野菜"这个话题的热度非常高。家长与孩子们通过热身手指操、刺激物的照片、孩子分享的照片及视频、线上互动投票以及视频分享等多元的活动形式，积极地参与到活动中。整个活动中，孩子们的话语权得到保障，幼儿在互动中学习，有助于将表达与自然课程进行有机融合。

生命教育是充满爱和希望的教育。在这样真实的情景氛围中，教师能够激发幼儿的表达欲，进行真实的语言交际和情感表达，孩子们在多元表达的同时收获成长。让教育变成一场润物细无声的春雨，润泽孩子的成长。

我们眼中的清明

吴婷

受疫情的影响，2022年的清明节安亭幼儿园的孩子们不能像往年一样外出祭祀扫墓、踏青游玩。但在这特殊的节日里，老师们也在思考如何给予孩子更多的话语权，了解孩子们对节日的认识和想法。孩子们会用什么方式来纪念这个重要而有意义的节日呢？一起来看看吧。

清明美食之旅

虽然是在疫情防控期间，但是在小朋友眼中，每天都是美好的。小班的宝贝来了一场清明美食之旅，和爸爸妈妈、爷爷奶奶在家中一起做草头饼、尝青团、剥蚕豆等，孩子们亲自动手，制作和品尝了可口的清明节美食，了解了清明传统节日的由来和习俗，体验式感受了中国传统节日的内涵和魅力。

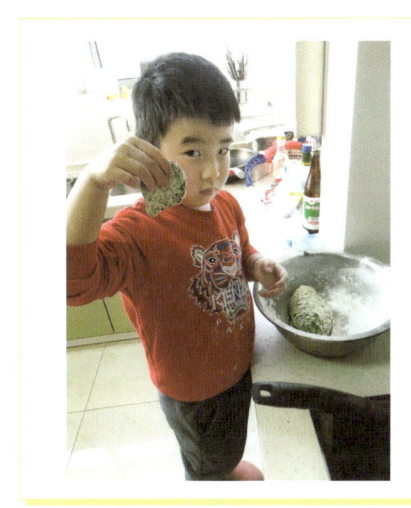

图1 幼儿准备清明节青团食材

图2 幼儿品尝青团

童声颂清明

"清明时节雨纷纷,路上行人欲断魂。借问酒家何处有,牧童遥指杏花村。"宝贝们通过视频连线的方式一起唱唱、跳跳,表演了"清明"手势舞,感受中国的传统诗词文化,稚嫩的童声将经典古诗展现得淋漓尽致。

图3 幼儿演绎清明手势舞

童趣绘清明

清明放风筝是我国的传统习俗,爸爸妈妈和宝贝们一起动手制作一个特别的风筝、画一画美丽的踏青场景,心灵手巧的宝贝们在风筝上,寄托着对春天的美好期望,进一步感受了清明节的传统风俗习惯。

图4 幼儿绘画风筝

图5 幼儿自制风筝

图6 幼儿绘画清明节踏青场景

童心话清明

死亡是什么？
忌讳 vs 正视

话题：对死亡的理解？

嘉言："讲到'去世'这个词语，是很悲伤的样子。"
鑫艾："我感觉就像一株植物本来长得很好，后来凋零枯萎了，觉得难过，心情是一样的。"
誉严："我不要想到这个词语，想到了我就不想长大。"
嘉言："还想到了一句古诗'路上行人欲断魂'，代表有人去世，我们的感觉。"
梵允："去世就是所有动物最终都会经历的一个过程。"
悦程："去世就是我们再也见不到这个人了，从这个世界上去掉了，没有他了。"
鑫艾："想到像妈妈离开我们一样难过。"

启示：从孩子们的表达中，我们感受到"去世"代表离开，去了别的世界，这个词是让人感觉悲伤、难过的。什么是死亡？我们应该忌讳还是正视它？

死亡可以避免吗？
死亡无法避免，唯有爱能永恒

话题1：绘本《獾的礼物》故事中的礼物是什么？谁给谁的礼物？

誉严："獾写的信是一份礼物。"
媛媛："獾和朋友们一起成长的美好回忆也是礼物。"
鑫艾："和我们平时收到的礼物不一样，我们平时收到的礼物是用礼物盒装的，这个很特别。"
雅竹："獾总是在别人需要他的时候，出来帮助别人。"
鑫艾："獾像一棵大树一样，给朋友遮风挡雨，让他们很温暖。"

▲ 图7 礼物

启示：獾的礼貌友善、助人为乐、分享快乐，成为彼此珍贵而快乐的回忆，是一份特别而珍贵的离别礼物。因此，死亡无法避免，唯有爱才永恒。

话题2：獾送给你这样的礼物，你的心情是怎样的？你会如何珍藏这份礼物？

鑫艾："我会说谢谢，我会把和獾的回忆记在心里，就像把珍贵的礼物收藏在盒子里一样。"
梵允："谢谢你给我们这么多美好的回忆。"
嘉言："我爱你，不想让你离开我们的世界。"
悦程："獾，你真好，我会把这份礼物收藏在心里，永远不会忘记你。"

启示：孩子们表达了自己的感谢、爱和祝福，其实獾一直在朋友们的心里，就像从来没有离开一样，这份珍贵的感情会一直传递下去。

话题3：生活中你们身边养过的小动物，有没有死亡、离开过你们？

悦程："养过两只小乌龟，离开我了。"
梵允："我家里养的小金鱼，一条一条去世了。我曾经给它们喂食，也很开心。"
鑫艾："乌龟找不到了，我很担心、想念。"

启示：小动物们最后都会死亡。它们的出现、它们的陪伴、它们的可爱，带给我们的美好的回忆，也就是给我们的礼物。

教师随想

当聊到"什么是死亡？"这个话题时，孩子们呈现了不同的观点和态度，有的能很理性地认识并用直观的言语来表达，有的人能用生活中的实例形象地阐明自己的看法，还有的孩子选择逃避，不想聊这个话题。我们给家长提供了一些相关的绘本，不论是忌讳还是正视的孩子都可以有选择地去通过绘本来了解生死话题。同时，在茶话会讨论中，孩子们一起互动交流自己最真实的想法，儿童有充分的话语权，有关生死观的谈论，由浅入深地获得了清明节特别的成长经历，缓解了他们对生死话题的恐惧。通过这样的讨论，孩子们获得了更多的生命启示，在谈到生命、灵魂、生、死等重大问题时，它不只是表面的语言传递，而且是以撼动灵魂的方式在沟通，一切自然而然，就像生命的本质。

我们很忌讳谈论死亡，我们不知道该如何和孩子说，亲人的逝去、朋友的离开、宠物的死亡……这些对孩子们来说也许难以言喻，但不表示他们不懂。也许除了陪伴，我们还可以做更多的尝试，鼓励幼儿以科学的眼光来看待死亡这件事。看看自然科学视频，如人是如何出生、长大、老去、死亡等生命相关视频，平静地告诉孩子，通过这些认知了解，孩子慢慢会欣然接受死亡这件事。在这次活动中，孩子们不仅体会了清明节的传统活动，对生命本质也有了更深层次的认识，深深懂得要珍惜生命、活在当下，每一天都要向阳而生！

有关生命的故事温柔地敲开了孩子们的"生命教育"之门，每个孩子都能更好地找到自己的价值，感悟生命、体验生命、享受生命、绽放生命！

夏的喧闹

夏天的嫩草与大树变得粗壮，鲜艳起来。夏天的花是别具一格，成群成簇的。那红艳艳的美人蕉，轻倚在微风中，享受着暖风的和煦，沐浴着清晨雨露的湿润，在千万朵花中，亭亭玉立，就如美人一般柔嫩多姿。夏天是孩子们最爱的季节，他们在田野上飞快地奔跑，感受风的速度；在林荫小道上散步，享受别致的清爽；大汗淋漓的时候，去泳池游泳。夏天，小安的院子里充满了孩子们的欢笑和无限活力……

探索树叶船

郁浩磊

作为安亭幼儿园课程十中心之一的小池塘一直是最受孩子们喜爱的课程资源。在自然探索实践中，孩子们围绕在小池塘周围，好奇地观察溪水的流动以及水中物体的状态。

小树叶比一比

偶然间泡泡和俊俊看到了在水面上漂浮的小树叶顺着水流往下漂走，兴奋的他们跟随着漂流的树叶一路追到了小池塘中间，直到树叶悬浮在水面上不再漂流。意犹未尽的泡泡提议要去收集一些树叶做成小船来比赛。

泡泡："我们去收集树叶，然后做成小船来比赛吧。"

俊俊："要挑大的叶子，大的叶子肯定漂得快。"

俊俊一边在草地上搜寻着，一边自言自语。草地上的枯叶还真不少，但是经过了大自然的洗礼，都是失去水分卷在一起的树叶。显然这些叶子是做不了小船的。突然俊俊找到了一片刚刚凋落的大树叶，显然这就是他心目中完美的树叶船。他如获至宝地捧在手上跑去向泡泡炫耀。此时的泡泡手中攥着许多干枯的树叶，正在焦急地四处寻觅他的下一个目标。冷不丁地被俊俊打断的他，神情有些恼火，但是看到了俊俊手中的树叶他又变得无比羡慕。

泡泡："你这个树叶是哪里捡来的？能不能带我去找找看？"

泡泡终于还是抵不过树叶船的诱惑向俊俊提问。俊俊热情地带领泡泡去了刚刚发现大树叶的地方，找了一圈仍然一无所获的泡泡动起了直接摘树叶的小心思。

俊俊："不行的！树上的树叶都是好的，我们只能捡掉下来的树叶。"

看到泡泡动手的俊俊立刻严厉制止，泡泡尴尬地挠了挠头。

图 1 泡泡和俊俊寻找合适的树叶

图 2 枯树叶做不了树叶船

小树叶大速度

  找到了满意的树叶之后,俊俊和泡泡来到了小溪的上游,要比一比谁的树叶船更快。俊俊和泡泡两个人一前一后站着,也没喊什么口号,就随意地把树叶船丢到了水里。俊俊站的位置本来就靠前,所以他的树叶船一马当先往下流漂去,泡泡的树叶船则不急不缓地撞到了小溪中间露出来的石头上。性急的泡泡不顾小溪湿滑的河道蹲下去要用手拨开小船,却没想到下盘不稳摔了一跤。万幸的是没有掉水里,他大喊着不公平,竟坐在小溪边不起来了。俊俊此时注意力正在自己的树叶船上,哪还有心思去关注泡泡在看什么。眼看着他的树叶船离终点越来越近,最后一下子飞跃进了小池塘,俊俊"耶!"的一声欢呼了起来。庆祝完自己的胜利后,俊俊才发现坐在地上的泡泡,有些尴尬地上去想扶他起来,但是泡泡显然还在闹脾气,屁股贴在地上怎么也拉不起来。

  俊俊:"为什么我的树叶船一下子就漂过去了,你的就撞在石头上了呢?"

  泡泡:"我也不知道呀。"

  俊俊:"要不我们再试一次?看看这次会怎么样。"

  于是他们两个又回到了起点,放下了树叶船。这一次泡泡的树叶还是顺着水流撞到了石头,

夏的喧闹

但是细心的他发现自己的小船并不是直线前进的,而是会在水上打转。正是因为这样子的旋转才导致方向错误撞到了石头。

图 3 泡泡和俊俊先后放下小船

小树叶,学问大

俊俊:"我明白了,我的树叶大所以不会被水给带偏。你的树叶小,所以被水流卷过去了。"

泡泡:"那我们再找一片小树叶和一片大树叶,看看哪个会撞到石头上。"

聪明的泡泡被俊俊提醒后,立马想出了验证的办法。很快他们两个就气喘吁吁地回到了小溪边,手里多了大小两片树叶。俊俊和泡泡小心翼翼地把树叶都放了下去。大树叶很快被水流冲得越来越远,小树叶却在同样的地方被一股小暗流带偏而撞到了石头。

俊俊:"就是这里!每一次都是在这里被干扰的。"

泡泡不知从哪儿搬来了一块石头,堵在了暗流上。

泡泡:"再试一次,再试一次,我把它堵上了。"

泡泡拿回了石头旁的树叶。俊俊和泡泡来到了起点,聚精会神地看着被放下去的树叶船。树叶船很快随着水流来到了石头处,船头左右艰难地摇摆着,但是这一次它勉强稳定住了大致的方向,虽然有点歪歪扭扭,但还是与那块它上一次撞上去的石头擦肩而过。俊俊和泡泡兴奋地鼓起了掌。

俊俊:"原来小溪不是都往一个方向流的,之前的树叶太小了,所以被它带走了。"

泡泡："是啊是啊，多亏我用石头堵住了，我真厉害。"

俊俊："那我们再来一轮吧，这次为了公平起见，你站对面去，我们一起放树叶船。"

泡泡："好啊好啊。"

……

图4 撞在石头上的小船

教师随想

泡泡和俊俊的探索让我想到了我的童年，每一天都好像漫无目的地在玩耍，每一天却能够收获新的成长和快乐。在探索自然的过程中，我们往往搞不懂孩子的兴趣和热情从哪里来，一块普通的石头、一片普通的树叶、一根普通的树枝，这些看似普通的事物却能让孩子着迷，一探索就忘了时间。但是往往就是这样的探索让孩子能够用心和双手去感受自然的神奇。在一次次的树叶船比赛中，俊俊和泡泡发现了树叶的干枯和茂盛，发现了物体在水中的浮力，发现了小溪水流的分流。这些关键成长经历是在教室里没有办法获得的。《3—6岁儿童学习与发展指南》指出，幼儿能够主动发起活动，活动中积极表达自己的想法并能坚持。孩子们每天都在小池塘周围活动，但是俊俊和泡泡却能够观察到树叶漂流的神奇现象并把它变成一项活动，正是这样看似"漫无目的"的一次次探索组成了泡泡和俊俊童年的一部分，助推他们更加懂得思考和探究。

植物吹泡泡

陆纯燕

在"泡泡秀"活动中，孩子们与教师一起尝试用瓶子、扭扭棒、羽毛球拍等生活中常见的工具玩吹泡泡，在"玩"中体验快乐。那么，除了这些平时生活中的常见物品可以做泡泡器，我们幼儿园里的植物可以成为泡泡器吗？它们能吹出不一样的泡泡吗？于是，孩子们发挥自己的想象力，一次植物泡泡秀开始了。

在幼儿已有制作泡泡器的经验后，一次"植物泡泡秀"又给了幼儿一次脑洞冲击。在我们班级门口的自然角、幼儿园的山坡等区域，孩子们可以自由寻找植物，通过观察、比较、探索不同植物，找出能吹出泡泡的植物，并进行试验，在探索过程中，培养幼儿初步发现问题、尝试解决问题的能力。

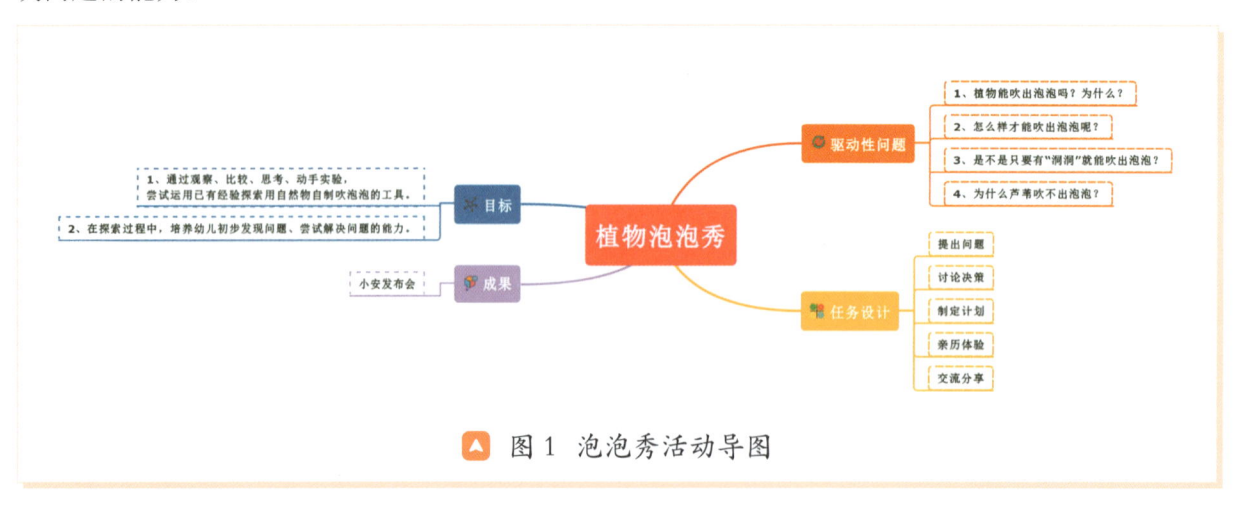

▲ 图1 泡泡秀活动导图

在之前几次活动中，孩子们发现了生活中的很多物品都能吹出泡泡来，在每天进行的"小安找秘密"活动中，一段有趣的探索产生了：

C1："你们看，这里有好多树叶啊。"
C2："是啊，踩一踩真好玩。还有声音呢！"
C3："我问你们，树叶能不能吹泡泡啊？"
C4："肯定不能啊，树叶上面又没有洞洞。"
C5："那在上面戳一个洞洞呀。"
C6："我觉得可以，用剪刀剪一个洞洞就能吹了。"

于是，一场植物泡泡秀开始了。

回到教室后，孩子们提出了问题，并且大家一致同意，可以在开展个别化活动的时候，体验植物是否能吹出泡泡来。

第二天，个别化活动中，孩子们开始了树叶吹泡泡的探索。"
C1："我觉得要大一点的叶子，这样就能剪个洞洞了。"
C2："这个叶子大，那我来剪。"
C1："这个柳树的叶子不行，太细了，不能剪洞洞，老是破。"
C2："我来试试。"

C2小朋友试了试，发现，在柳树叶的中间剪个洞洞太难了，于是放弃了柳树叶，随手捡到了一根长长的干草枝，但是马上就扔掉了，教师看到后提出：你看这个，你们猜能不能做成泡泡器？
C1："这个肯定不行啊。怎么剪洞洞？"
C2："我也觉得不行。"

那么干草枝到底能不能吹泡泡呢，带着这个问题，儿童讨论会的时候孩子们进行了头脑风暴，有的说不可以，因为没有办法剪洞洞；有的说可以，它就像扭扭棒一样，弯一下就变成圆圈了……孩子们的计划很多，于是又开始了第二次的探索。孩子们惊喜地发现，只要变一变、卷一卷、粘一粘、剪一剪，出现圆形，就能吹出泡泡来。

在之前自制泡泡器的过程中，孩子们得出结论：只要有洞洞，就能吹出泡泡来。于是，在"小安找秘密"活动时，有一个孩子看到掉落在山坡上的植物，问：植物能吹泡泡吗？很多孩子很好奇，想去探究发现，于是通过前期铺垫，只要有洞洞，就能吹出泡泡，那么植物到底能吹出泡泡吗？

伴随着这个问题,我们给予孩子们支持,让孩子们在自己探索的过程中发现问题、解决问题。

利用"小安找秘密"和照顾"小花园"的时间,孩子们在山坡上搜集各种落叶,有长长的柳树叶、柳枝、桂花树的叶子、干草、树枝、葱等。

图 2 幼儿收集的一些植物

孩子们惊喜地发现,无论什么植物,只要变一变,变出"洞洞"来,蘸了泡泡水都能够吹出泡泡来!

▲ 图 3 树叶卷一卷,吹泡泡　　▲ 图 4 叶子中间剪个洞　　▲ 图 5 幼儿将树枝弯一弯吹泡泡

经过不断地找自然物,孩子们发现不少自身就带着"洞洞"的植物,例如葱、芦苇等,但是

在这一过程中，瞧！孩子们又有了新的发现。

C1："可以啊，葱上面有洞洞，当然可以吹出泡泡了。"

C2："我试过，我用葱蘸了泡泡水，但是吹不出泡泡。"

C3："我也试过，没有吹出泡泡。"

C4："要两边都有洞洞才行啊。"

C5："可是，我用芦苇秆试过，两边都有洞洞啊，但是没有成功。"

……

于是，探索圆柱形植物泡泡器的行动又开始了。

在吹泡泡的过程中，孩子们没有仔细观察过吸管上两边都有洞洞，因此，在探索"葱"时，有的孩子不能吹出泡泡，这是孩子们好奇的、想去探究发现的，但是有的孩子发现，吸管的两边都有洞洞，于是，尝试将两边剪了，蘸了泡泡水，就能吹出泡泡了。那么，芦苇秆为什么吹不出泡泡呢？这又给了孩子们发现和探索的空间。

引导幼儿回家和家长一起上网收集资料，知道一些与芦苇秆相关的知识，并进行观察、比较、发现，了解葱和芦苇秆的不同，再将个体经验共享，共同商量解决问题。

▲ 图6 幼儿收集的芦苇秆　　▲ 图7 幼儿收集的葱　　▲ 图8 幼儿收集的竹子

教师在班里进行项目发布会时，向孩子们提出了疑问："只要将葱的两端都剪了，两边都有洞洞，就能吹泡泡，但是芦苇秆和竹子的两端都有洞洞，却吹不出泡泡来，这是为什么呢？"

夏的喧闹　047

教师随想

在制作植物泡泡器的过程中，孩子们开始探索植物和泡泡器之间的联系，通过观察、比较，孩子们发现，只要是将植物的形状变一变，要两边都有"洞洞"，就能吹出泡泡来。在实践过程中，孩子们遇到问题时，更加愿意去解决问题，和家长一起回家收集资料，将自己收集到的信息分享给其他孩子，并且愿意在集体中，大胆、自信、勇敢地表达自己的发现，提出自己的问题。

在探索过程中，幼儿进行大胆猜测—实验验证—得出结论—大胆交流，亲历了比较完整的科学过程。教师通过引发幼儿的认知，提出富有挑战的问题，让幼儿不断在已有经验基础上有新的认识和探索，这对幼儿探索能力是一种挑战，对教师捕捉契机也是一种挑战。

"兴趣"激发幼儿的"好奇心"，"好奇心"刺激幼儿进行思考，从而产生"求知欲"，在"求知欲"的驱使下，幼儿产生"探究行为"。推动幼儿探究行为的根本在于"兴趣"。而教师则需要"倾听"并"观察"幼儿所表达出的兴趣、感受与想法。

一起去打水

赵菁

大自然是一个自由、释放天性的场所。3—4岁的幼儿好奇心和照顾欲望已经萌生，而幼儿园里的自然探索区便是大自然的缩影，其特别的魅力吸引着小班幼儿，激发着他们的探究欲望。但相对中大班幼儿而言，小班幼儿年龄小，观察目的性不明确，探究兴趣也持续不长，有动手尝试的意愿，却少了主动探究的能力。

我们力图让幼儿在亲身经历的学习和探索活动中，以自己独特的方式认知、思考和感悟，理解和丰富生命的意义，获得情绪的感受并融入自身原有的经验之中，使原有的生活经验得到提升，进而引起其态度和行为变化。

水的争执

孩子们很喜欢给小花园里的植物浇水，选个浇水工具，到龙头下灌点水，然后给植物洒洒水，是孩子们每天都会去做的事情。但是在孩子们取水的过程中，我们经常会听见一些争执，比如"他把水洒在地上了""他在厕所里玩水""他倒水的时候撞到我了"……于是我们思考着：有没有其他的取水方式？

凉凉的河水

山坡上有一条小小的河，小桥流水每天都会吸引孩子们驻足和玩耍。夏天，每天在花园里找秘密时，孩子们都喜欢相约在小河边，摸摸凉凉的河水，好舒服啊！他们还发现了一些有趣的秘密：水是从上面流下来的呢；叶子漂在上面了，好像小船；水从石头上流下去了……

图1 幼儿在河边探索嬉戏

孩子们对小河的兴趣已悄然开始，但是每天去看一看河、摸一摸水、捞一捞树叶，似乎已经不能满足孩子们的探究需求了，他们开始自发地用"落叶"去舀水，每当水滴在叶片上滚动，孩子们特别开心与兴奋。我们发现：小河取水也不错哦！

好玩的取水游戏

孩子们总喜欢用小手去"舀"一点水，开心极了。当孩子的探究开始从"看"到"行动"时，我们看到了孩子们对"小河"的探究需求在转变，尝试用自身的探究行为来满足自我的好奇与兴趣。于是，我们收集了不同的取水工具：勺子、漏勺、瓶子、小水壶、喷水壶、凉水杯、葫芦瓢、针筒、大吸管……

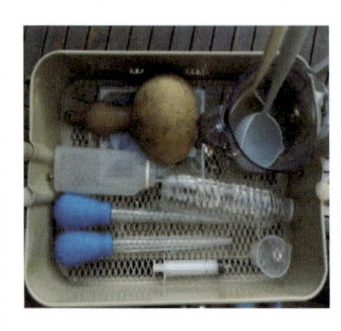

图2 共同收集不同的取水工具

利用小二班的位置优势（前面有一条小河），从直接自来水取水到去小河边取水，孩子们的兴趣更加浓厚了，孩子们取水的范围更大了。取水行动中多样的采水方法，拓宽了取水的固定模式。孩子们在取水的过程中，会不断探索取水工具的使用方法，为孩子们的探索提供了更加多元的开放的条件。

取水工具

不同的取水工具有着不同的取水趣事，从摆弄工具到亲自去河边取水，孩子们玩得很开心，"你们用了什么好办法取到水了？"我及时抛出了这个问题。

天晔："大的水壶可以装很多很多的水。"

木子："滴灌要用很大的力气才可以吸到水。"

奇奇："打针的针筒，喷出来的水是细细的。"

浩博："水壶装不进水，要用勺子装进去。"

子宸："有洞洞的勺子里水会漏出来。"

◀ 图 3 探索不同工具取水

夏的喧闹

教师随想

我们追随孩子的兴趣，明确孩子的探究目的，支持孩子的后续探索行为。在亲历体验时，小班幼儿的探究行为更多停留在简单摆弄操作照料工具上，但教师通过驱动性问题的启发和讨论，便能不断激发小班幼儿的探究兴趣。当幼儿对班级门前的小河产生探究兴趣时，我们先鼓励幼儿大胆去感知小河里的水，再根据幼儿的兴趣点逐步提问"水为什么流走？""我们可以怎样从小河里取水？""小河里的水可以运到哪里去？"……有的孩子在运水的过程中还会发现水怎么洒了、哪些材料更适合运水……孩子们在不断体验探索快乐的同时，从简单的好奇河水，过渡到感知水的特性、体验打水的乐趣、运水浇灌植物等，体验感由单一转变为多元。

当然，我们还可以通过环境和材料辅助孩子的探索，推动孩子们能够分享发现的乐趣。有趣的打水故事版面、简单易操作的互动墙、贴合生活的iPad、智能化的语音笔等，都是孩子们喜欢的、愿意去互动使用的。而在和现代化科技的互动过程中，幼儿关爱生命的探究经历更可视化，幼儿的表达更个性化。孩子们不仅能实时录下自己发现的问题，有的幼儿还能更清晰地表述自己的探究发现与所思所想。

在追随幼儿兴趣的自然探索活动中，当幼儿成为活动的主导者时，活动才更有价值和意义。

竹林音乐会

陈妍冰

在一次小安户外探索时，孩子们正巧路过了一片竹林，他们被竹林的茂密景象所吸引，也因此对竹林产生了兴趣和很多问题。在交流分享时，凯恩问道："竹子的生长过程是什么样的呢？"睿睿问道："竹子的每一节都是一样长的吗？"他们展开了各种调查和信息的搜集，在调查过程中，有孩子提出竹子如果长得太密了，就会影响到它的生长，于是从孩子们的实际需求和真实情境问题出发，他们决定将有些长得密的竹子进行修剪。

修剪下来的竹子可以做什么呢？

为了让竹子能够更好地生长，孩子们决定修剪竹子，在老师们的帮助下，孩子们发现在修剪竹子的过程中，虽然锯刀最小，可是最容易操作，锯得最快。可是修剪下来的竹子可以做什么呢？

◀ 图1 孩子们经过竹林时产生了兴趣

◀ 图2 幼儿分享竹子的问题

溪溪说："可以当浇水的工具，盛水浇花。"
呈呈说："可以当成一个竹制的花瓶，里面插上漂亮的花朵。"

豪豪说："我觉得可以在上面打几个洞就变成笛子了。"

图 3 查找竹子用途的资料

孩子们想了很多可以用竹子做的东西，如玩具、乐器、容器、工具等，通过投票我们最终决定用竹子做乐器。

竹琴诞生了

在探究竹子的过程中，溪溪和呈呈发现竹子的长短和粗细都会影响敲击竹子发出的声音，在借鉴了网上的竹制乐器后，两个朋友决定将这些高高低低不同声音的竹筒连在一起就可以变成一个乐器了。分享交流的时候，很多孩子都好奇地想上来尝试这个"新发明"，并还给这个乐器起了个名字——竹琴。在连接竹筒的过程中，孩子们尝试用胶带、绳子绑，都没有成功。通过上网调查，孩子们决定在竹筒上打洞再穿绳子的办法来连接。

但是要将绳子穿过这些洞洞是个大难题。溪溪尝试用尖锐的东西去戳绳子试图穿过去，但是太费劲了。通过儿童议会，孩子们想到用针，但是有的孩子提出："有这么长的针吗？绳子这么粗怎么穿过针眼呢？"于是呈呈说，能不能自己做针，可是用什么材料做呢？正在百思不得其解时，风铃项目小组用的树枝给了他们启发，找一根细一点的树枝，把绳子固定在树枝上是不是就可以穿过去了呢？于是，孩子们在草地里寻找了一根细树枝，把绳子绕在了树枝上，用透明胶缠上，绳子不费劲就穿过了竹子上的洞眼，他们兴奋不已。

图 4 利用树枝穿过竹子的洞眼

竹琴总算完成了,可是在"演奏"的过程中,孩子们却发现好像有两个竹筒的声音顺序搞错了,在不交换竹筒位置的情况下如何去改变其中一个的音高呢?针对这一个新问题孩子们开始思考。

在我的启发下,孩子们想到有一个雨天,两个孩子用竹子盛水,并用木棒进行敲击,发现装了水的竹筒和不装水的竹筒声音似乎是不一样的:没有雨水的竹筒声音是清脆的,有了水后竹筒声音是低沉的。呈呈还大胆猜测说:"我觉得可能和空气有关。没有水的时候,竹子里都是空气,有了水后,里面的空气就少了,所以可能声音就不一样了。"

有了此次的经验,两个孩子决定尝试往里面塞点东西,这样就可以让声音变低。于是两个孩子先找了一些树叶,然后发现效果并不明显。于是他们看到了小推车上的纸巾,把纸巾塞进了竹筒里,用透明胶封起来避免纸巾掉出来。

图 5 体验装了水的竹子的声音变化

夏的喧闹

教师随想

孩子天生就是探索者,觉得一切都非常的新奇,世界在他们眼中是彩色的,他们对任何事物都充满了兴趣。在探究竹子秘密的过程中,意外了解到竹子太密可能会影响到它们的生长,本着"关爱生命"的想法,孩子们通过一次次讨论投票,最终决定给竹子做减法。原先我们的户外活动大多是散散步,观察一下,很少有孩子会提出问题、解决问题。如今我们的户外探究让孩子们带着问题去游戏去学习,将这些驱动性问题跟已有经历结合起来,带动学习,促进幼儿真实学习的发生。

对于修剪下来的竹子,孩子们也懂得"废物利用"的道理,让竹子重获新生——制作"竹琴"。当孩子们在雨天用竹筒玩水时,却无意间发现装了水的竹筒和没装水的竹筒敲上去的声音不一样,他们会借助这一经验,去寻找可以让竹筒变化声音的方法,寻找可以放进竹筒里并影响其声音变化的材料。在这一系列的过程中,他们通过自己在实践操作中的体验和发现,尝试用文字、图画、符号、照片等形式记录下来,发现事物间的关系,不断巩固、加深和拓展自己的经验,从而使得自己的探究能力得到不断提升。

童年的事就像一颗颗珍珠,而关于好奇心的珍珠,就是那些最美的珍珠。

藏在告别里的时光

叶海燕

三年前孩子们迈进小安的院子,眼里充满了稚嫩的好奇,如今小安们都长高长大了,礼貌交往、勤劳友善、乐于思辨,眼里是勇往直前的自信。三年的美好时光犹如一个里程碑,记录着每一个孩子成长的点点滴滴,把孩子们送到了六月的毕业季。疫情下开展的云端毕业典礼上,我们想把更多的话语权给孩子们,和他们一起去畅想属于自己的大班毕业典礼。

▲ 图1 大班毕业

时光的记忆——成长连环画

毕业在即,对于老师来说,每一个孩子三年来的成长与变化都像印在心中一样清晰。我们也想听一听孩子们对于毕业与成长有些什么样的想法。张许栓说:"毕业是长大了。"赵林熙说:"毕业就是要和幼儿园的小朋友、老师们说再见了。"易皓城说:"毕业是收获,也是成长,我们的身体成长了、知识成长了,好习惯也成长了。"刘筱茉说:"毕业是分界点,我们要去新的学校,我已经准备好了。"成长的记忆是最宝贵的财富。了解了孩子们的想法后,我们与孩子、家长一起商量、共同收集成长照片,以成长连环画的形式重现那些曾经一起经历的点滴时光。

疫情使孩子们不能在幼儿园再相聚。在不能相见的日子里,小安们诉说着自己的遗憾和心愿,孩子们都表示好想再回美丽的安幼看一看。既然是孩子们的心愿,一定支持!老师们精心拍摄了初夏6月时的小安童年院子,在云端毕业典礼中孩子们惊喜地跟随镜头看到了大山坡、小池塘和自己熟悉的角落,回忆和伙伴们一起游戏、生活过的地方,童年院子里的欢声笑语又浮现在眼前。

▲ 图2 成长心愿

时光的告白——"勇气"礼物展

毕业往往与成长相连,那么到底什么是成长?每一个孩子身上都有自己的成长闪光点,我们和孩子们讨论可以代表成长的关键词。有的孩子说懂得善良是成长,有的说热爱大自然是成长,有的说关爱生命是成长,还有的说勤劳、勇敢是成长……的确,三年时光为孩子们带来了许多成长关键词,通过投票的方式我们得出了十个成长关键词,分别是"勇气、善良、感恩、热爱、勤劳、自信、好奇、友情、快乐、明礼"。2022届146位小安心目中的成长关键词TOP1是"勇气"。

孩子们经历的这三年是很特殊的,他们经历过两次疫情停课,勇敢自律、勇于克服困难,勇气一直伴随着他们。孩子们心中的勇气是什么呢？曹屹觉得勇气是不怕输；黄舒瑶觉得勇气是上台勇敢演讲；洪青箬认为勇气是把害怕的东西尝试一下，不要逃跑；顾冯乐认为勇气就是以前不敢做的事情，鼓起勇气去把它做掉；张子睿告诉我们勇气是第一次跳绳，第一次骑自行车……很多的第一步都是靠勇气迈出的；蒋褚涵觉得勇气就是让你能做自己想做的事。

孩子们心中的勇气是勇敢、是主动、是坚持，毕业在即，他们想用自己的方式留下一份最特别的"成长礼物"：有的班级创作了《勇气是什么》毕业诗，有的班级开展以"心中的勇气"为主题的绘画展，有的班级朗诵"勇气"主题诗篇，还有班级表演《孤勇者》，每个班级以不同形式带来的"勇气"礼物展，作为成长礼物送给弟弟妹妹，希望为他们带去勇气与力量。

◀ 图3 成长关键词　　　　◀ 图4 勇气绘画

时光的温暖——祝福与希望

毕业证书是孩子们特别期盼的，它承载着回忆与期望。我们提前将毕业证书交给家长，并且共同保守这个秘密，在毕业典礼当天由爸爸妈妈转交这份"成长的勋章"，给孩子们一个大大的惊喜。将来无论孩子们走到哪里，当看到这张毕业证书时，就一定会想起小安童年院子，想起亲爱的老师和小朋友们，想起在这里生活过的三年美好时光。

毕业不是简单的结束，也是向未来出发。孩子们对过去有很多不舍的情感，对未来也有好多心愿与展望想要表达。基于儿童表达自我的情感需求，老师和家长带着孩子们一起写一封封特殊的信，写给自己、写给朋友、写给梦想、写给未来，把想说还来不及说的话写成文、绘成画投入幼儿园门口的小安邮局信箱里，记录此时此刻、此情此景，我们约定一年后再来开启，该是多么令人期待呀！

　　也有孩子向我们表达了心中的遗憾，因为疫情孩子们无法在六月里到幼儿园拍集体毕业照，多想以后还能再回到小安童年院子里，再回到熟悉的活动室里，和老师、小伙伴们一起相聚。为满足孩子的心愿，我们鼓励孩子们向园长、老师大胆表达自己的想法，商量是否以后还能再回幼儿园。这样淳朴的小小心愿得到了园长和幼儿园里每一位老师大大的支持，就以"校友约定卡"为证，约定卡的正面是大班孩子画的美丽幼儿园，背面有孩子们毕业后可以再回来做的事，再拍一次毕业照，再到山坡上奔跑一次，再坐一次童年院子里的秋千，再去看一看生命室里的小动物朋友……三年的时光快乐而又短暂，孩子们就这样带着爱的祝福与约定奔向美好的未来。

▲ 图5 毕业证　　▲ 图6 给未来的信

图 7 校友约定卡

教师随想

疫情带给每一个安幼人对于生命更深的思考,这一届特殊的线上毕业典礼能给孩子带来什么?我们倾听孩子和家长的想法,把更多的话语权给到孩子们,从毕业季主题的确立、节目的准备到毕业典礼留念等,我们与孩子家长一起商量、共同准备,重现那些我们曾经一起经历的点滴时光,以顺应孩子成长的方式,让孩子在互动中感受到身边老师、家长、朋友的爱与祝福,在安幼最后的时光里充分表达自己的离别、感恩之情以及对于未来的期待与向往。

每一段经历都是成长。每一个孩子都是一颗独特的生命种子,希望孩子们在今后的日子里,像种子一样慢慢发芽成长、绽放独特的生命光彩。孩子啊,愿你做一个勇敢、善良、友爱的人,爱自己、爱家人、爱朋友、爱大自然;也要做一个自信的人,无论以后面对怎样的困难和挑战,都要相信自己是世界上独一无二的最棒的自己。

告别亦是启程。我们离别,但是不说再见,我们以校友约定卡为证,把爱的记忆留"夏",让安幼的孩子们在童年的时光里,拥有最美好的回忆。

夏的喧闹

夏日云上野餐会

岳纪雯

每年的六一儿童节,是孩子们最喜欢的节日。可是今年的情况这么特殊,怎么样能让孩子们过一个特殊而难忘的六一节呢?到底什么样的活动能受孩子们喜欢呢?

野餐会的筹备:一份调查问卷

为了真实地了解孩子们的想法,我们经过商量,设计了一张夏日问卷调查表,来征询孩子们对这次活动的想法:(1)我们一起来线上野餐会;(2)一起来线上时装秀;(3)其他。你最喜欢哪一项呢?自己来投一票。(最多可选 2 项)

经过投票,我们发现,60% 的孩子选择了线上野餐会,50% 的孩子选择了线上时装秀,还有 10% 的孩子选择了其他,根据调查问卷显示的结果,线上野餐会遥遥领先,宝贝们都希望可以通过线上野餐,在镜头前和朋友们一起品尝夏日的美食。

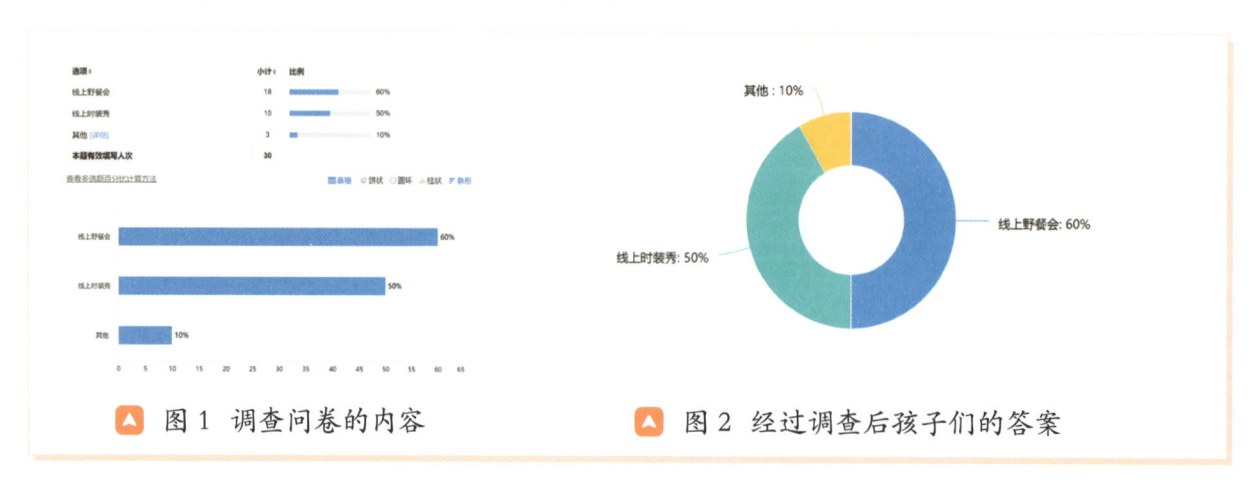

▲ 图1 调查问卷的内容

▲ 图2 经过调查后孩子们的答案

一次线上茶话会

为了能准备充分,给孩们一个美好的回忆,在云上野餐会前,我们进行了一次茶话会,这样就能听到孩子们更多的想法和心声。在茶话会中,孩子们都很积极地发言,他们表示进行过野餐,有的是和家人一起野餐,有的是和朋友一起野餐,还有的表示在野餐的时候还会放风筝呢。听着孩子们的话,真的感觉这是一个美好的回忆。当问到孩子们,现在因为疫情,我们只能在家里野餐,那么你想在家里的哪个地方野餐?孩子们纷纷说出了自己的想法。有的说,想在自己家的小阳台上野餐;有的说,想在自己家客厅的一个小角落进行野餐;还有的说,想在小区的草地上野餐……当问到第三个问题时,茶话会的气氛达到了高潮。关于线上野餐会,你想要准备些什么呢?孩子们说得最多的是准备的食物:果汁、海苔、水果等。也有的孩子说,不但要准备食物,还要来装扮一下,要准备一些气球、帐篷,还有的说可以准备一些玩具,给朋友看,和朋友一起玩……

为了能让孩子们更好规划这次的野餐会,我们在茶话会后,请孩子和爸爸妈妈一起来讨论,制订自己独一无二的野餐计划书。

一份计划书

孩子们接到任务后,和爸爸妈妈一起讨论计划书应该怎么制作。孩子们从想要准备的食物、野餐的场地和需要布置的物品来制订计划书,从孩子们完成的计划书来看,每个孩子的想法都是不同的,各有特色。

◀ 图 3 零食大派对

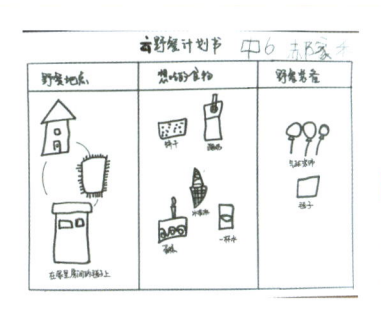

◀ 图 4 野餐的装备

夏的喧闹 063

一次装扮

茶话会和计划书都完成了,那么就要开始为野餐会做准备了,爸爸妈妈们在活动前和孩子们一起准备了丰富的食物,如水果、零食、点心等。准备完食物后,就来好好装扮一下吧:有的拿出以前野餐的帐篷,有的拿出了圣诞节的装扮——玩偶、圣诞树、气球等,还有的拿出了烧烤架……等到一切工作都准备就绪,我们的野餐会也马上要开始了。

▲ 图5 尧尧和妈妈都准备就绪　　▲ 图6 帐篷也准备好了,野餐会还远吗

野餐会开始啦

美味的爱心便当,诱人的食物,精心布置的场景,此刻的孩子们在屏幕前是坐拥各种美食的"富豪",和亲爱的小伙伴在一起,静心地品尝美味佳肴,真是惬意无比!有时还听到发出啧啧赞叹"好吃"的声音,小橘子拿出了彩虹蛋糕介绍道:"这是我妈妈做的彩虹蛋糕,妈妈说我们要每一天过得像彩虹一样漂亮。"轩轩请妈妈调转镜头,"大家看,我妈妈还给我准备了烧烤架,我可以一边烤羊肉串一边和你们聊天呢!"森森说:"我真是太喜欢野餐了!"苏苏说:"我也是,希望每天都能和朋友们一起来野餐。"可爱的孩子们脸上洋溢着兴奋和喜悦。大家在屏幕前你尝一块小蛋糕,我给你看妈妈准备的美味水果,还观看着妹妹们精心准备的节目,大家"围坐"在

一起，边吃边聊，都很快乐！

快乐就是这么简单。他们在野餐中的所听、所说、所感，都将是他们人生中最难忘的一次经历，也是最美好的回忆。

▲ 图7 孩子们准备好食物一起云聚餐

▲ 图8 妈妈给我准备的水果拼盘不错吧

野餐会后

爸爸妈妈这样说：

橘子妈妈："这次的野餐会不仅满足了宝贝们的心愿，还给了他们满满的仪式感，也为他们的防控疫情生活带来了不一样的成长经历。"

小明爸爸："野餐会后，我让小明把今天的野餐会画了下来，做成了小安日记。看到小明的小安日记，我感觉小明这次真的很开心。"

轩轩妈妈："野餐会后，轩轩一直问我什么时候再有野餐会，有点意犹未尽呢。"

宝贝们这样说：

禾禾："以后再有野餐，我要准备好垃圾桶，要不然没有地方扔垃圾。"

▲ 图9 小明把野餐会都画下来了 　　▲ 图10 以后的野餐会要扮成公主来参加

尧尧:"我感觉要准备好叉子和手套,这样吃起食物来更方便。"
馨馨:"真想来一次和朋友面对面的野餐会,真正和朋友们在一起的野餐。"

▲ 图11 那么多食物,就缺一个垃圾桶 　　▲ 图12 有了手套,吃东西更方便

老师这样说:

由于疫情,孩子们今年不能在幼儿园里过儿童节,但是"疫"样六一,"童"样精彩,这次云上野餐会中,孩子们体验到了野餐的乐趣,锻炼了幼儿的自我服务水平和动手能力、计划能

力，并在活动中学会沟通、学会合作、学会分享，增进了孩子们之间的友谊，度过了一个有意义的、美好的、难忘的六一儿童节。

野餐后的番外：

孩子们说想和朋友们面对面野餐，可是怎么办呢？那么就来一次线下面对面的野餐吧！孩子们见到了好久没见的朋友，开心得不能自已。

▲ 图13 和朋友在一起野餐就是开心

▲ 图14 更多的朋友一起加入

教师随想

做任何的事情，要想成功、顺利，在做事前，一个周全、完备的计划必不可少。一个完美的计划，可以让事情省时省力，少走很多弯路，省去许多无用功。然而对于一个幼儿园的小朋友来说，他们有没有能力做计划，而又可以通过什么样的形式来培养孩子们做计划的能力和习惯呢？对于幼儿园的孩子们来说，幼儿园和家庭是他们主要的生活场所，而幼儿园中的游戏活动是他们最喜欢也最易接受的，如果能在游戏中培养幼儿做计划的能力和习惯无疑是最好的，对于幼儿未来的成长更是起着不可磨灭的作用。

这个活动是通过投票，孩子们最终决定用野餐来庆祝六一儿童节，这一系列问题都是孩子自发生成的驱动性问题。在整个活动中，孩子们能从自己对野餐的兴趣出发。通过茶话会，我们帮孩子们一起厘清了思路，了解野餐会所需要准备的物品、如何布置环境，这些成了孩子们的话题，驱动性问题是推进活动开展的核心问题，基于孩子的兴趣应该是非常重要的。

在孩子们探究的过程中，我们还需思考如何让儿童有问题解决的内动力，因此我们需要更多地关注孩子们如何将制作计划书作为活动的基础，并以这些作为参考，将驱动性问题跟已有经历结合起来，才能带动学习，促进真实学习发生。

孩子们在活动中学会了如何制作计划书，如何进行活动前的策划。只有规划好活动，才能在活动中有更好的表现。在活动结束后，我们请孩子们自己寻找活动中的小欠缺，这个过程能够培养孩子们总结归纳的能力，这样能让他们知道以后在活动前要考虑得更仔细，这样我们的活动才会更完美。

与"粽"不"童"端午节

王安婕

每年农历五月初五是我国传统节日——端午节。端午节有非常悠久的历史,传承下来了许许多多的有趣活动,孩子们也乐此不疲地参与其中,尽情享受着传统文化的魅力。为了帮助幼儿深度体验端午传统文化,感受端午民族氛围,与此同时从孩子的角度去了解他们如何看待端午节,我们通过调查、讨论、活动、评价一系列方式开展端午节系列活动。

识端午——孩子们的奇思妙想

始于春秋战国时期的端午节至今已有2000多年的历史。说到端午,孩子们有些什么样的问题呢?我和孩子们就此展开了端午讨论,倾听孩子们的想法。他们围绕"为什么端午节一定要吃粽子呢""你们吃过什么味道的粽子"展开了讨论。

墨墨说:"我也很喜欢吃月饼,端午节不可以吃月饼吗?"睿睿说:"只可以吃粽子,月饼是中秋节吃的。"檬檬发表自己的观点:"我听过屈原的故事,据说吃粽子是为了纪念屈原,所以端午节要吃粽子。"祺祺说:"我觉得一定要吃粽子,因为这是规定的。"……依诺说:"我吃过糯米粽。"嘉乐说:"我吃过肉粽,还有蜜枣的,甜甜的。"褚涵补充道:"红枣馅的粽子也挺好吃的。"张知萌说:"我吃过肉馅的和蛋黄馅的,还有蜜枣的。"

孩子们讨论得不亦乐乎。我发现孩子们对传统节日文化有了解的兴趣,在与老师、同伴的讨论中,孩子们通过翻阅电子书、绘本、与同伴讨论等方式去解决自己的疑惑。我鼓励孩子回家后和爸爸妈妈一起通过电子多媒体去了解端午节的始末。

在讨论的过程中,我还发现了孩子们有趣的一面——根据自己的生活经验,孩子们会拓展出有趣的新想法。有的孩子说,想要吃巧克力味的粽子、冰激凌味的粽子、水果味的粽子;还有的孩子说，想要把粽子做成各种可爱的形状……正如日新月异的传统节日活动的变迁，孩子们层出不穷的新想法也给传统节日活动注入了新的活力。关于"粽子什么馅"这个话题，孩子们沉浸在讨论中，他们喜欢表达自己的观点，也会欣赏同伴的观点，更会把这种愉快的情绪带入传统节日活动中来。

"食"端午——孩子们的探"粽"之旅

正是因为孩子们在讨论中表达出对于端午节和粽子的强烈兴趣，我们开展了"我的粽，与'粽'不同"食端午系列活动，支持幼儿通过亲身体验，感受"粽文化"的魅力。首先我们通过亲子引导单，邀请家长和孩子们一起翻阅图书，了解粽子的秘密。在和孩子们一起翻阅书本的过程中，既能够让孩子学习到更多关于端午的知识，也增加了亲子互动。经过和孩子们的沟通，我们邀请部分孩子作为班级探"粽"之旅的先锋队亲身体验采摘粽叶的乐趣，并且通过视频、照片与讨论的方式分享给同伴们，获得了强烈的反响。

▲ 图1 翻阅书本 　　▲ 图2 剪粽叶

经过讨论，孩子们都想好了自己想要做什么馅儿的粽子，并且准备好包粽子的材料，开始动手啦！有猪肉馅儿的、红枣馅儿的、花生馅儿的、蛋黄馅儿、红糖馅儿、巧克力馅儿、榨菜馅儿……

▲ 图3 准备材料　　▲ 图4 包粽子

孩子们体验到了包粽子的快乐，也体验到了制作食物的不易。有的孩子对我说，"我做了半天才做好这个粽子"，"好不容易成功了"，"妈妈说我的粽子不好吃，我好生气"。孩子们对传统节日活动的体验，满足了他们认识周围文化社交环境的需求，与此同时，传统文化中蕴含的优秀民族文化内涵也会慢慢渗透到孩子们的心中。

◀ 图5 品尝粽子

孩子们都做出了不同口味的心仪的粽子并分享给同伴们，积极地反馈着对于不同粽子的"评

夏的喧闹 071

价"。我和孩子们一起设计了"粽"享卡,投票给最喜欢的粽子,并且用一句话来说一说喜欢这个粽子的理由。看着孩子们欢欢喜喜地拿着自己敲满印章的"粽"享卡得意回家的样子,横生"粽"趣,成长路上悦纳他人的魅力就在于此。

"史"端午——孩子们的别样手工体验

端午节,我国的传统文化活动除了包粽子还有什么呢?通过前期的亲子调查,我们选出了孩子们最感兴趣的包香囊活动。俗话说"戴个香草袋,不怕五虫害",端午戴香囊在我们的传统文化中有避虫害、保平安的寓意。由于疫情,虽然孩子们不能和爸爸妈妈一起去商店里购买精致好看的香囊,但可以在家利用有限的材料自己动手剪、绑、粘等,完成香囊的制作,小小的香囊融入了孩子们的爱与祝福。

▲ 图6—图9 制作香囊的过程

在做香囊活动过程中，我也发现了许多有趣的瞬间。孩子们和家长一起做香囊，有的家长说，"我自己也从未做过香囊，和孩子一起做香囊我觉得非常有意义"，"我发现孩子做香囊的时候特别专注，这样的活动出乎意料地有趣"，"孩子对端午节有了更多的了解，也会和我讲述端午节的由来"……有趣的传统文化活动既符合孩子们的成长需求，更有利于增强亲子互动了解，传统文化活动渗入生活后，给家庭之间带来欢乐时光。

教师随想

端午节就像一条纽带联结历史和当下，传统的节俗与当时人们的生产生活和精神世界有紧密的关联，即使岁月流转，生活方式不断改变，依旧能给人们带来心灵的润泽。每次过传统节日时我都会思考，活动内容是否能让孩子感受到传统节日的魅力，从而更理解和喜欢我们中华民族的文化。在这次活动过程中，我采取了完全征询、顺从孩子意愿与需求的方式。通过与孩子们的讨论，了解孩子们对这个节日的看法与疑惑，围绕他们的兴趣点"粽子"拓展相关活动。给我感受更深的是，大家都沉浸在传统文化活动中了。包粽子这个活动，不仅是完成了包粽子这件事，更让孩子们体验到了食物来之不易的道理。

在这样的活动中，我们也致力于通过精彩的活动让孩子体验到一个不一样的端午，对端午有更深刻的记忆与了解。这是孩子人生经历的增长，也是在进一步了解自己所处的文化环境。在活动过程中，孩子们不仅收获了成长，也收获了快乐。孩子们是天生的游戏者，从游戏中汲取经验和快乐，无论是包粽子、做香囊，还是和老师、同伴一起分享自己天马行空的幻想，这样乐在其中的游戏让我看到了孩子们的一张张笑脸，看到了他们对生活的憧憬和热爱。孩子们在体验传统节日文化的活动中，民族精神逐渐地浸润了每一个孩子的心田。

秋的多彩

　　秋风吹走了炎炎夏日，万物悄悄隐去了绿意，把希望的种子撒满大地，把美好的梦深藏根底，只待来年春风一吹，又焕发出蓬勃的生机。在小安这片童年院子里，孩子们关注着动植物奇妙的变化，在主动提问、动手操作中探索着动植物的秘密。秋天是金黄的，秋天是灿烂的，秋天是多彩的，孩子们置身于秋天的落英缤纷中，将各种自然物与艺术创作有机结合，在一幅幅充满自然味道的作品中，感受着季节变迁带来的美好。

金秋桂花香

徐丽青

金秋时节,整个校园里都弥漫着桂花香。孩子们循香而动,或踮起脚,或仰头伸长脖子,或捡拾地上的落花,一场因为桂花香味而引起的探索活动由此开始。

闻见桂花香

打开教室南门,孩子们涌出教室,抽动鼻子,努力地吸气。"老师,好香呀!""老师,我闻到了甜甜的味道!""老师,我在我们小区也闻到过这种味道!""哪里来的香味呢?"孩子们循着香味,四处寻找香味的来源。"孩子们,快抬头!"随着我的手指方向,能看见树上一簇簇黄色的小花。

"好多花呀!"孩子们发现原来是桂花树开花了。"你们闻到香味了吗?"一鸣用力吸了吸鼻子:"好像就是这个味道!"他边猜测边回答。其他孩子呼应道:"好像是!"浩博提出了不同意见:"有可能不是,我没有闻到香味。""那我们靠近一些再闻闻。"我轻轻压下一根桂花

图 1 寻找香味来源

树枝，孩子们努力踮起脚凑近闻。"就是！就是！桂花好香呀！""老师，它的花好小！怎么这么香？"浩博也闻到桂花香了。"好多好多花变成一串了，它就香了呀！"康康思考后振振有词地答道。小伙伴有些认同地点点头。

寻觅桂花树

"老师，我们小花园这里有两棵桂花树！"孩子们发现了院子里的桂花树还不止一棵。"除了小花园，我们幼儿园里还有很多棵桂花树，你们能把它们都找到吗？""好！我们一起出发去找！"孩子们兴致勃勃。"我们先来计划一下，从哪里开始找，找到了要不要做一下标记，数一数有几棵呢？""对，我们可以贴一个卡片，上面有数字的，就可以知道有几棵了！"艺航说道。"好，那我们就几个人成一小组，负责不同的地方，出发吧！"说干就干，不同小组成员和老师一起在不同的区域中搜索桂花树。找到后，孩子们迫不及待地汇报："山坡上有1棵、山坡下有2棵、美创室旁边有4棵……"

图2
找到园所各处的桂花树

感受桂花雨

老师轻轻摇晃着桂花树的树枝，桂花轻轻地飘落下来。"下雨喽！下花瓣雨喽！"桂花雨落在孩子们的头顶上、衣服上、地上……孩子们纷纷涌上去，伸出小手，或用手里的工具——放大器、捕虫器、小花篮,去接纷纷落落的花瓣。"你接到了几朵桂花?数数有几个花瓣?"……

▲ 图3 使用各种工具接桂花

品尝桂花味

"桂花味道闻起来甜甜的,不知道它尝起来的味道会是什么样的?""老师,我吃过桂花做成的糕!很香很甜的!""我奶奶给我做过桂花酒酿圆子!""老师,桂花可以做桂花糖!""可

◀ 图4 拿上工具准备去收集各处的桂花

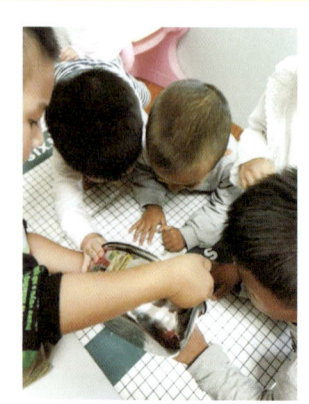

◀ 图5 收集桂花做香袋

以做桂花香水的！""桂花可以做成好吃的糕点和菜肴，还可以做成好闻的香香的香囊、香水！用处真多！""想不想一起动手用桂花来做？""好呀！好呀！"孩子们兴奋起来，"我要做桂花糕，我要做香囊，送给我妈妈！""那你们有什么办法收集更多的桂花吗？"

桂花树下总有孩子们忙碌的身影……

教师随想

金秋时节，桂花飘香引起了孩子们的好奇心。"哪里来的香味？"孩子们循香而动，从室内来到了院子里，充分调动各种感官，尽情享受桂花的香甜，欣赏桂花的美，感受秋天的味道。我们抓住时机，充分挖掘资源，激发孩子们探究周围事物与现象的兴趣，开启了探索自然之旅。

在好奇心的驱使下，新的问题也随之而来，"桂花怎么颜色有不一样？"怎么才能数清楚院子里有多少棵桂花树呢？老师和孩子们一起讨论"从哪里开始，怎样才能数清楚"。孩子们三五成群，有的规划路线，有的用纸和笔做标记，做好准备，再次出发。找一找、比一比、数一数，整个过程中孩子们自主探究、验证想法，运用数数经验来解决问题。

大自然给我们的生活带来了小确幸，孩子们发现桂花能做成美食、香囊，萌发了动手制作的愿望。在家长的支持下，孩子们尝试做桂花糕、桂花糖、桂花酱、香囊等，这些亲身经历让孩子们体验了制作的快乐。大自然是孩子成长的摇篮，"除了秋天，其他季节的桂花树是怎样的呢？"新的问题、新的发现不断出现，给孩子们带来了无限的遐想与欢乐，院子里各种花草、树木，开花、结果……每一个变化，都给他们带来了不少惊喜，他们沉浸在去院子里探索大自然奥秘的乐趣中。他们与自然共同成长，他们在自然中快乐生长！

树叶收集器

陈佳

班级门口有三棵高大的栾树,平时孩子们会在树下玩耍,到了秋冬季栾树的树叶和小树枝就会掉落下来,班级门前就会铺满厚厚的落叶和树枝。为了不影响班级门口主干道的正常通行,保育员一早就会把落叶收集起来,孩子们看到了也会去帮忙,但是每一次清扫树叶都需要很长的时间。

一大早,涵涵、轩轩来到幼儿园,看到保育员沈老师和其他两个班级的保育员正在扫落叶,他们就想去帮忙。但是由于前一天下了雨,防腐木板上面很湿,一直忙了半个多小时才把地上的落叶都装了起来。回到教室,涵涵说:"太累了,弄了好久好久。"轩轩也在一旁附和着说:"沈老师每天都要扫好久的落叶呢,真的很辛苦啊。"涵涵说:"如果落叶不要掉在地上就好了。"旁边的小朋友也围了过来,子涵说:"不可能啊,一定会有叶子的,秋天就是会掉叶子的。"一旁的小李说道:"沈老师那么累,有什么好办法可以很快就把叶子清理干净?"他的话引起了班级小朋友的兴趣,他们七嘴八舌地讨论了起来……

轩轩说:"有个机器人就好了,他能把叶子一下子弄干净。"

孟哲说:"弄一个大风扇,把叶子都吹到盒子里面去,这样就不用扫了。"

天天说:"在树上挂个网,叶子都落在网里面,就不会掉在地上了。"

涵涵说:"可以在地上铺块布,这样叶子都在布上,把布里面的叶子弄起来就好了。"

孩子们七嘴八舌地说着自己的想法。听到孩子们的讨论,我让他们将自己的想法画了下来,在早上讨论会的时候分享给班级中其他朋友。那些以往来得比较晚的孩子也知道了原来每天班级门前这么干净,是因为生活老师很辛苦地在打扫,激发起了他们设法帮助生活老师收集树叶的决心。孩子们的奇思妙想让我感受到他们的创意和每个孩子独特的思维,更多的是他们有一颗善良柔软的内心。

▲ 图1 孩子们的落叶收集设计图

　　最终孩子们决定在地面上铺上一块布，将掉落的栾树叶收集起来，几名有着相同想法的幼儿组成了小组，开始了他们的制作。

　　小李问道："我们要把布铺在哪里呢？"涵涵看了看已经扫干净的防腐木板说："这里、这里都有的。"小李说："那都要铺上吧。"轩轩说："可是哪里叶子最多呢？"几名幼儿你看看我，我看看你，这时候保育员沈老师正好来到自然探索区，涵涵马上就跑过去说："沈老师，早上哪里叶子最多？"沈老师了解了他们想要做什么之后，就带着孩子们到了早上落叶最多的地方，一边指着一边说道："这里还有草地上的叶子是最多的，每天要扫很长时间呢。"

▲ 图2 向保育员询问

秋的多彩

知道了哪些地方叶子落得最多，孩子们准备行动了，他们在百宝箱里翻找，找到了冬天用来做暖棚的塑料布，他们在沈老师说的地方用尺量了又量，又将塑料布盖上去比画，由于地面上还有花坛，他们就根据地面的大小进行了裁剪，用透明胶组合起来，经过努力终于将树叶收集器做好了。放学的时候，几个孩子将自己做的树叶收集器铺在了班级门前，并在上面做好了标记，提醒其他老师和小朋友，这是收集树叶用的，不要拿走。

图3 用尺量一量需要多大

一早，孩子们兴奋地看到塑料布上满是栾树的树叶，孩子们和保育员一起拽起塑料布，一下子就将树叶收进了垃圾袋中，望着一下就干净的地面，孩子们高兴得跳了起来。保育员沈老师对孩子们说道："谢谢你们，你们可帮了我们一个大忙。"虽然由于风向的关系，很多树叶跑到了收集器的外面，但是他们的想法与努力得到了别人的认同，这给了他们满满的成就感。

教师随想

落叶的清扫在成人的眼里似乎就是稀松平常的事情，但是在孩子们眼里却是不同的，因为亲身经历使他们感受到了保育员打扫中的不易，所以他们想要用自己的方式来提供一些小小的帮助。

他们小小的愿望让我们看到了孩子们充满关爱、善良的心；也正是在这个小小愿望驱使下，他们萌发了不一样的"灵感"——做一个树叶收集器。看着孩子们用画笔画下的方法，打扫机器人、大风扇吹树叶等，我们看到了孩子们富有创意的脑袋和敏感细腻的心灵。

幼儿的成长过程中会遇到很多的事，也许有你觉得"冒傻气"的时候，但这也许就是他们身上可贵的地方，值得我们用欣赏的眼光去看待。面对生活中孩子们冒出来的很多有意思的想法，教师要有一双善于发现的眼睛，去发现他们的闪光点，去支持他们的想法，这样就会收获不一样的满足与快乐，也会让孩子们收获一段不一样的成长。当这群孩子身处的环境是开放的、支持性的，成人用欣赏的眼光去看待孩子的每一次发现、每一次创想，会让每一次"冒傻气"的时刻成为孩子们独特的成长经历。

小花园里的茶香

王安婕

我们班级的位置处于小花园的旁边,在我班幼儿的日常生活中,特有的户外小花园成了他们的快乐天地。随着季节变化,在小花园里观察探索,他们发现有的植物不仅有生长上的变化,也随着发芽开花有了香气。对于陌生的植物香气,结合生活经验中家人喝的茶,孩子们萌生了制作属于我们小花园的"茶叶"的想法。

▲ 图1 小朋友在小花园里采集树叶

▲ 图2 采集漂亮的花瓣

孩子们发现了小花园里植物的变化——小花园里时不时地变得香香的,猜想可能是小花园里的植物发出的。于是我们一起出发寻找,小花园里的哪些植物发出了香气。

我们发现并不是所有开花的植物都会散发香气,但大部分花朵都有凑近就能闻到的淡淡香气;有的植物没有开花也会有香气比如薄荷、迷迭香。找到了有香气的植物,孩子们提出了自己的愿望:小花园里的香气能不能保存下来呢?有的孩子结合自己的生活经验,提到了时常看到家人在家中泡茶喝,茶叶也是香香的,那么小花园里的植物能做成茶叶保存吗?

通过亲子引导单的方式，我们请家长和孩子一起了解简单的茶叶制作过程，并在班级内进行了讨论，我们将步骤简单分为采摘、清洗、晒干（烘干）、品尝、保存五个步骤。我们发现烘干植物很快变成了我们需要的茶叶，而晒干需要更长的过程，且在晒干的过程中，需要让植物既能晒到阳光又不会因为失去水分被风吹跑。

◀ 图3 小朋友们在小心地清洗树叶

◀ 图4 采摘的树叶清洗后平铺在托盘上晒干

成功制作出茶叶后，我们进行了品尝会，尝一尝我们自己制作的茶叶是什么味道。我们发现自己制作的茶叶和家里的茶叶不同，家里的茶叶香香的，还能保存很久，而我们自己制作的"小花园茶叶"已经开始腐坏了，也没有清新的茶香。这是为什么呢？有的孩子说是因为家里的盒子比较好，有的说是因为我们的茶叶还没有晒得很干，也有的说家里的茶叶喷了香水。那么如何解决这些问题呢？我们决定首先从保存时间上开始动脑筋，我们找来了三种容器，进行茶叶存放，对比实验，我们的探索还在继续……

◀ 图5 我们又采集了不同形状的树叶进行制茶

教师随想

通过这个活动，幼儿认识了小花园里的植物，了解了茶叶的制作过程、保存的方法，每一个孩子选择了自己最喜欢的植物进行研究。在活动过程中，孩子们通过"小花园里香香的植物可以保留吗？""小花园里的香香植物可以做茶叶吗？"等问题，结合自己的生活经验开展自己的尝试，环环紧扣的问题驱动着孩子不断地探索，孩子们在小花园中获得了如鱼得水般的快乐。

花园是小朋友们每天都必去的地方，浇水、照料、观察都是常态，针对孩子的兴趣点我们开展了一系列讨论活动，这些讨论开拓了孩子们的思路，引发了孩子们的思考。《3—6岁儿童学习与发展指南》指出，孩子能用一定的方法探究周围感兴趣的事物与现象。孩子们寻找有香味的植物，而后联系个人的生活经验来探索"茶叶"的制作，看似"无厘头"的制作却成了孩子们学习的独特方式。尊重孩子们的独特想法、支持孩子们成长的方式，让花园里充满孩子们的欢声笑语。

一棵柿子树的故事

李莹

安亭幼儿园,是一所生命教育特色园。园内种植的树木花草种类丰富多元,能够呈现四季自然不同的变化。同样,在树木的种类上除了有香樟、雪松等景观树木,也种植了柿子树、桃树、柠檬树等果树,给孩子们进行自然探索提供了独特的资源。

在大二班的门前有一棵柿子树,孩子们发现柿子树上的小柿子在慢慢地长大。他们每天关注着柿子树,柿子的颜色、大小慢慢变化的时候,他们会兴奋地将自己的发现告诉老师:"老师,我们的柿子长大啦!"……,孩子们细心观察,对比和记录柿子长叶、开花、结出果实,满心期待着,终于在十月底柿子变黄、变红,慢慢成熟了,孩子们也迎来了采摘柿子的丰收日。

面对满树黄黄的柿子,孩子们都非常兴奋:"我们怎么摘呢?"这成了孩子们讨论的话题。孩子们想要自己试一试,于是一场柿子采摘活动就开始了。但由于采摘柿子的方法不对,造成了柿子无一幸免于难。围绕如何采摘柿子且不对柿子造成伤害,孩子们多次协商制订计划,找来各种工具反复尝试,行动后发现:1. 徒手摘柿子:一用力柿子还没摘下来就被捏烂了。2. 剪刀剪柿子:柿子树太高,爬上去很容易重心不稳,十分危险。3. 篮子接柿子:竹篮的篮口太小,成人帮忙采摘,幼儿在树下很难准确地接到柿子。4. 水箱接柿子:水箱太重只能放在地上,受重力影响柿子摔进水里也很容易被拍烂。

孩子们在前期开展了柿子观察,他们对柿子树有了很深厚的感情。

我们举办了儿童讨论会,孩子们围绕采摘柿子产生的问题,展开了热烈的讨论:"我们需要更大的东西来接住柿子,比如很大的网;接柿子的小朋友需要移动,让柿子不掉在地上;可以请门卫师傅帮忙,他们有剪树枝的大剪刀;美工区的桌布特别大,撑开肯定能成功接住……"

◀ 图1 讨论"怎么接柿子"

◀ 图2 竹篮失败

◀ 图3 布篮也瞄不准

◀ 图4 水箱也不适合

竹篮和布篮太小接不住，柿子落入水箱会被拍烂，该如何突破自然资源带来的局限性？如何让资源的利用最大化？这时一个孩子说："老师，我们可不可以请门卫老公公帮忙，我上次看见他用长长的剪刀在剪香樟树。"这引发了我的思考，自然资源的局限是否能够通过人力资源、物力资源、经验资源等组合和重构来发挥资源的最大化效果呢？又一次的儿童讨论会开始了。

▲ 图5 成功的喜悦

三个孩子再次调整计划，在失败经验的基础上决定使用美工区的布，并求助专业的马师傅，稳稳张开并拉紧桌布，垫上软垫，在马师傅指导的方位下接住了柿子。

孩子们让一个个、一簇簇红彤彤又圆滚滚的柿子安全"着陆"。紧接着，他们紧锣密鼓地宣传，并分享给各班级的孩子和老师们共同品尝……

教师随想

在具有丰富自然资源的幼儿园环境中，大自然的课程实施在自然的同伴合作中不断推进和深入，同时幼儿与在一个真实又具有生命力的教育生态环境中，不断产生和柿子树的生命交互。这棵柿子树就在班级门口，孩子们每天都能看到，与它的感情相对来说也是比较深厚的，幼儿经历采摘柿子的真实体验，如何保护柿子、如何采摘柿子引发了孩子们积极的讨论，在真实的情境中针对各种问题进行了师生和生生之间的自然体验。

探索成功采摘柿子的过程中，在好奇心的驱动下，幼儿在积极主动的探索和提问中不断地成长和发展，几个孩子能够进行独立的分析思考，调整材料，主动寻求成人的帮助，经验迁移请门卫老公公带上剪香樟树的长长的剪刀，再找来美工区的大桌布和软垫子结合。打破传统的教学模式，丰富多元的植物环境成为孩子们探索自然的宝库，推动了大班幼儿经历"提出问题—共建计划—亲历体验—多元表达"的生命教育活动体验过程。

一棵柿子树，在我们眼中也许很普通，但是孩子们在经历了柿子树开花、结果、丰收、分享等后，他们收获的不仅是满满的果实，更多的是深度学习中的提升和情感的满足。自然资源蕴藏着的巨大教育价值，是教师最有力的抓手，倾听幼儿的呼声，支持幼儿动手实践，让幼儿的生命和大自然一起开花、结果，不断成长。

小小花园的大收获

丁雯珺

安亭幼儿园每个班级都有一个小花园,每一个小花园里都种着各种各样的观赏类植物,如扶桑、络石、绿萝、九里香、鹅掌柴……还种着不同的蔬菜:芹菜、红薯、韭菜、芋艿、莴苣……孩子们在小花园里观察植物、照料植物、认识植物。

不过小花园不光好看、好玩,还很好吃哦!快来看看发生了什么吧!

又臭又香的韭菜

小花园的一角,种着一种细细长长的植物,像草不是草,闻起来还有特别的味道。到底是什么呢?——韭菜。

孩子们每天都会给韭菜浇水。适宜的温度下,韭菜生长速度很快,在精心照料与舒适气温的双重加持下,这不,可以收割啦。

这一天一大早,阳阳就在秦老师的指导下,拿着小剪刀把已经长成的韭菜剪了下来。

▲ 图1、图2 割韭菜啦

铠甲:"闻起来好臭啊!"

阳阳:"这是韭菜,我刚刚剪下来的。"

小灯泡:"我喜欢吃韭菜,我家也会吃韭菜的。"

铠甲:"这么臭好吃吗?"

小灯泡:"好吃的,很香的。"

孩子们很想知道从泥土里长出来的韭菜到底是什么味道。带回家?人太多没办法分,要不就在幼儿园里吃掉吧!经过讨论,最终孩子们拜托了幼儿园的大厨师,把收获的韭菜变成了香喷喷的韭菜饼,每个宝贝都品尝到了收获的美味。

▲ 图3、图4 分享韭菜饼

铠甲:"原来韭菜这么香呀。"

早早:"我回家也要叫外婆给我做韭菜饼。"

阳阳:"下次等韭菜再长出来,我还要剪下来请大厨师帮忙做成好吃的。"

璟瑜:"小一班种的韭菜最好吃啦!"

韭菜是一种生长很快速的蔬菜,孩子们能够在照料的过程中观察到韭菜的明显生长变化;韭菜也是一种很特别的蔬菜,它具有特殊的气味、特别的外形。对于孩子们来说,这些外显的特征是容易区别与记忆的。自己付出努力后的收获总是特别美味,相信孩子们在吃过小花园的韭菜饼

秋的多彩 091

后,都会记得细细长长,闻起来臭臭吃起来香香的韭菜,会记得这次收获带来的快乐。

一起来挖红薯啦

随着秋天的脚步,气温越来越低,小花园的植物都慢慢变黄了,连红薯叶子也变黄了。

"红薯成熟了吗?"

"红薯的果子长在哪里呢?"

孩子们围绕红薯的问题不断,我们决定一起来试试挖红薯,看看有没有小红薯在地下等着我们。

说干就干,孩子们你戴着手套我拿着铲子,吭哧吭哧挖起来,看到露出一点红色的皮。

"红色的就是挖到红薯了哦。"

油油赶快用戴着手套的手将红薯挖出来。

"快看快看,我挖到啦!"

"我也挖到了,我也挖到了。这个红薯好大!"

欢快的笑声不停,孩子们你一下、我一下,很快大花盆里被翻了个遍,一共收获了七个红薯。

图5、图6 挖红薯咯

只有七个红薯,怎么分享呢?这时候已经是下午了,请大厨师帮忙做成好吃的已经来不及了。思来想去,孩子们决定,今天本领最大的朋友可以获得红薯奖品。吃饭进步最大的、主动帮助朋友的……经过层层选拔,最终七位幸运儿成功将红薯带回了家。这七个来之不易的红薯被爸爸妈妈们做成了各种好吃的,快来看看吧。

图 7、图 8
回家做成红薯美食

教师随想

　　自然角的照料是一个持续性的工作，其中会不断出现问题，如有的植物枯萎了，植物的生长速度都不同。对于小班幼儿来说，坚持不断地观察植物的变化是有一定难度的，而韭菜这一类植物则规避了这一问题。它们的生长速度快，变化明显。通过日常的照料与观察，孩子们在近距离接触的过程中体验到种植活动的丰富和有趣，感知生命成长的变化与神奇，感受到人与自然千丝万缕的联系。陈鹤琴先生一贯主张让幼儿走向大自然，因为它是一本"活"的书，万事万物容纳于其中，只有让幼儿亲自体验与实践，才能真正地让幼儿了解大自然、亲近大自然。

　　而"拿着各种工具在泥土里挖红薯"这一过程是孩子们最喜欢的步骤，收获的喜悦与快乐在这一刻被不断放大。孩子们品尝到了自己辛勤劳动的成果，尽管数量不多，但足以让他们欣喜满足了，韭菜饼的分享、红薯的美食食谱让孩子体验了无穷的快乐。

　　孩子们在照料过程中感受神奇的生命成长，收获则让孩子们体验了"日常的照料与付出"与"收获、分享"的关系，日常的浇水、照料使得这些"菜地收获"变得更加美味与难能可贵。

　　希望小安院子里的收获将成为孩子们记忆深处最快乐的童年味道。

秋的多彩

会响的小路

赵菁

到了秋天，幼儿园里的花草树木变出各种色彩，十分美丽有趣。这时，孩子们最喜欢做的，便是"捡落叶"。寻一寻、比一比，那大小不同、颜色不同、形状各异的树叶，带给了孩子们无限快乐。

故事中的小路

这天，我和孩子们一起讲了一个故事《会响的小路》。树林里有一条小路，路上铺满了金黄色的树叶。小刺猬走过小路，窸窣窸窣，像在散步；小白兔走进小路，踢踏踢踏，像在跳舞；小蚱蜢也跳进小路，他在树叶上摇啊摇，吱嘎吱嘎，像躺在摇床上做着甜甜的梦；风儿来了，小刺猬挡住风儿："请你别刮走路上的树叶，树叶的声音多好听呀！"于是，风儿踮着脚尖轻轻地跑过小路……

孩子们情不自禁地问道："我们的幼儿园也有很多树叶，那有没有这样的小路呢？"

故事里会响的小路是一条铺满树叶的小路，它在哪里呢？不如就让我们一起去找寻这条"会响"的小路吧。好可惜，校园打扫得很干净，没有会响的小路呢！

铺一条会响的小路

看着孩子们有些失落的表情，我鼓励道："不如我们一起来铺一条会响的小路吧！"孩子们一下子兴奋起来了，一窝蜂地跑开了。孩子们用小手去捡拾落叶，可是一片、两片好像不够啊。

我暗示道："不如我们请工具也来帮忙，看看谁的树叶收集得更多！"孩子们各显神通，有的拿扫帚扫来叶子，有的拿小手收集，有的拿小桶装……但是东一堆树叶西一堆树叶，不像一条小路呢。

这时,一鸣有了个好主意:"我们把树叶都放在一起,不就可以了吗?"孩子们一听有道理,劲要往一处使就是团结,团结力量大,不一会儿就收集了一大堆树叶。

这时,浩博有些担心地问:"树叶会不会被扫掉啊?"大家陷入了思考,觉得很有可能等我们回到班级后,树叶就会被清理了。"可是落叶不扫掉,我们的花园就不干净了!"小语有着不一样的想法。这倒有些为难了。有的孩子赞同将好不容易堆砌的小路留下,有的孩子觉得校园干净整洁也很重要。最后,我们想到了一个折中的办法:让小路在我们的花园里铺上一个星期,然后我们一起清扫落叶。

泰哲又提出了一个问题:"那风把我们的小路吹走了怎么办?"我提议,像故事中的小刺猬那样,悄悄地告诉风婆婆:"请你不要吹走我们的树叶小路哦!"孩子们也高兴地对着天空说:"请你不要吹走我们的树叶小路哦!"

◀
图1
孩子们用各种工具收集树叶并铺树叶小路

秋的多彩　095

会响的小路铺好了，虽然只是短短的一小段，可是孩子们亲历了快乐的体验，在小路上蹦蹦跳跳，真的很开心！

教师随想

花草树木是幼儿喜欢探索的神秘源泉。当幼儿走近自然、认识自然、体验自然、亲近自然并融入自然时，幼儿便是课程的主体。树叶发出的沙沙声吸引着孩子们的身心感官体验，他们既好奇又想去尝试。活动中，教师通过适时地跟进指导"我们一起来铺一条会响的小路吧"，"请工具帮忙，看看谁收集的树叶更多"……在满足幼儿兴趣需求的同时，教师也帮助幼儿主动思考解决问题的方法，使其愿意主动地去寻找满足自己探究愿望的合适途径，在亲历感知的过程中，促进自我发展。

当然，每个幼儿在探究的过程中都有着不同的个性体验。在收集落叶的过程中，孩子们有的对自然规律感到好奇，有的收获了不同工具使用的方法，有的激发了对落叶大小颜色不同的感知兴趣，有的是在踩踏树叶小路时体验了宽松愉悦的情感……

在这一片花园天地中，孩子们经历了同一个活动，但收获的经验不同，个性地拥有了不同的感受。

校园里的中草药

吴婷

陈鹤琴先生曾经说过,大自然、大社会就是活教材。小安花园就是这样一个大自然,园内种植了将近 80 个品种的树木,如香樟树、银杏树、枸杞、金银花、桂花树、松树、桃树等,充满着自然与人文气息的园所环境是孩子们每一天生活与学习的主题乐园。

偶然接触的香樟叶

大班正在进行"有用的植物"的主题活动,幼儿正在积累有关植物具有保健、治病作用的经验,了解植物与人们生活的密切关系。一天,有个孩子带来了几片香樟叶。在自然探索区,孩子们用工具尝试捣碎香樟叶,这一过程中他们也会有很多的发现和问题:

香樟叶上有花纹。

把香樟叶撕开来,闻上去有香香的味道。

图 1 幼儿观察香樟叶

香樟叶颜色也不一样。

我们学校也有香樟树吗？我们去找一找吧。

香樟树能干什么？它有什么用呢？

孩子们产生了大量的有关香樟树的问题，我们在语言区提供了有关植物的资料，为他们查询资料提供帮助。同时，为了培养大班幼儿乐于发现、善于提问、勤于解决问题等科学探究能力，我们与得天独厚的园所环境相融合，为幼儿创设源于自然的探究环境，校园里的树木资源都成为他们寻觅探究中草药的资源和素材。

▲ 图2 幼儿问题墙　　▲ 图3 植物类图片投放

校园考察队的成立

乐乐和东东两个考察人员，带着任务情境卡以及放大镜、采集袋等探究工具，开始寻找中草药，乐乐来到一片绿油油的植物区停了下来，她慢慢地靠近，鼻子凑上去用力地一吸，讲道："这个味道凉凉的，应该就是薄荷，薄荷的味道很清凉。"接着，她叫来了身边的伙伴："你快来闻，这是薄荷糖的味道，我吃过。"接着她蹲下来仔细看了看薄荷叶，说："你看，薄荷叶子上有一条条波纹，还凸起来的。"一旁的东东瞪大眼睛，充满好奇，立马拿起手中的放大镜，仔细地观察了起来。"让我摸摸看，表面毛毛的，不是很光滑。"两个孩子再往里走了一圈，又有了新发现，"薄荷还能开花呢，薄荷开的花白白的。"乐乐摸着脑袋突然问东东："薄荷闻上去清清凉凉的，不知道吃起来是什么味道。你说吃了薄荷对我们有什么好处呀?"东东拉起乐乐的小手说:"教室里有《本草纲目》,我们一起回教室去搜一搜吧。"

校园考察队在寻觅草药的过程中,通过看、闻、触摸等方式,根据任务检索本,观察、比较、寻找校园里的中草药。同时在小安博物馆内,幼儿查阅绘本、影像资料等积累相关的经验,将自己所见所闻,及时地记录下来并分享给同伴,同时他们用采集袋、篮子、剪刀等工具,寻找到植物后,将植物收集回教室,进行专注观察,自制检索本,进一步丰富了对这一植物的认识,提高了深度探索学习的能力。

▲ 图4 幼儿在自然中观察　　▲ 图5 幼儿采摘

我想要给朋友配中药

琦琦坐在小安博物馆里,挑选着与中草药有关的资料进行阅读。看了一会儿后,他拿起了录音笔,倾听并记录下了关于枸杞的功效和作用。只见他在记录纸上画了一双眼睛,在眼睛的四周闪着光芒。随后他来到中药配置区,选择了一个空的封口袋,仔细在草药柜中探寻,最后用勺子舀了几颗枸杞,装入封口袋。接着,他拿起一张记录纸,在纸上画了一个戴眼镜的女孩。画完后,他拿起了录音笔,开始记录:"我要给佳佳老师配枸杞茶,因为多吃枸杞对眼睛有好处,让佳佳老师的眼睛看得更清楚。"

▲ 图6 幼儿自制封口袋　　▲ 图7 幼儿配制药包

教师随想

在"校园里的中草药"实践过程中,校园里大大小小的植物都成了孩子们的探索乐园。他们一起制作了植物名片,对植物的名称、植物功效制作了标记和介绍牌,同时在探索过程中通过运用"形色"等植物APP软件,搜索关于植物的信息和资料,并且对家人、老师、同伴进行了健康大调查,根据他们的身体需要主动为所关心的人配置中草药。

环境是幼儿学习、探索、实践的物质基础,良好的环境对幼儿的学习具有重要的作用。在小安探索园中孩子们通过各种感官去接触、了解植物的功效与人们生活的密切关系,在操作与体验中,引发了对身边人的关怀和感恩,萌发了主动关心自己、家人、同伴、老师等的积极情感和丰富的生命体验。他们尽可能与周围各种事物接触,扩大了认识事物的眼界,丰富了对事物的感性认识,培养了对外部世界的探索欲望。他们变得乐于发现、善于提问、勤于解决问题,在丰富的花园环境中,获得了更多元的认知和情感发展。

借助大自然的力量,孩子们在自然中探究发现、操作实践,小安花园真正成了以幼儿为主体的探索乐园。

与落叶来次亲密相会

程梦怡

随着天气渐冷、季节更迭，安幼丰富的植物也悄悄地发生了变化……"碧云天，黄叶地"，小安们在每日的自然探索中见证着清丽的独特景致，他们也用自己不同的方式将这片宁静美好仔细珍藏着……

落叶探秘

在安亭幼儿园的校园中有185棵不同种类的大树，还有许许多多的其他植物，在秋冬季节里，这些植物开始了自己生命中重要的阶段，它们的叶子开始变黄、变红、变棕，直至最后掉落。孩子们在每日的活动中设计着自己想要的颜色，带着计划去校园中寻找，将这些美丽的颜色都汇聚在一起，成为一道美丽的"植物彩虹"。他们将各种漂亮多彩的落叶聚集在一起，成为一幅美丽的"画作"。

图1 秋天的院子

每一片树叶都有自己独特的生命密码。哪一片树叶是最大的呢？孩子们开始"寻找校园里最大的树叶"。几个小伙伴一起先通过目测，观察发现可以一较高下的目标，再利用尺等工具进行精准测量，锁定目标。秋天一到，校园里许多植物的树叶开始变黄，但也有很多植物是四季常绿，孩子们一起在校园中"找找常绿植物"，去发现常绿植物能够四季常绿的秘密。孩子们以小组的形式开展讨论、制订计划，利用不同的工具去进行探索，科学探究的能力在这一过程中得到了不断提升。小组共同协商、合作，同伴间的友爱与凝聚力也得到了升华，孩子们对于班级、学校更有归属感了。

▲ 图2 分享自己的记录　　▲ 图3 院子里不同的植物

与叶嬉戏

安幼的景色宁静美好，安幼的孩子自由快乐，孩子们发挥着自己的创意，与叶开始了一场有趣的嬉戏。落叶有时像一艘小船，航行在小溪中，有的快有的慢，真有趣。落叶有时像下雨，让我们一起快乐地淋一场"树叶雨"。落叶颜色五彩斑斓，和树枝、花瓣组合在一起，将秋天的动人景色永远保留。每一片树叶的形状都是独一无二的，它彰显着大自然的神秘，孩子们与同伴分享着自己的发现。

▲ 图4 捡落叶　　▲ 图5 落叶小船

　　落下的树叶颜色是那么丰富，不同植物的叶子也有着不同的婀娜姿态。孩子们一起捡拾着自己觉得最漂亮的树叶，女孩子们争相将漂亮的树叶别在发梢，多彩的树叶仿佛是一件精美的工艺品，静静地立在女孩子的发上。男孩子们最喜欢捡拾的是香樟树叶，它的叶子大大长长，还很坚硬，拿在手里仿佛是英勇善战的将士手中那柄最锋利的武器。

　　秋是成熟的季节，是收获的季节，是充实的季节，却是淡泊的季节。它饱经了春之蓬勃与夏之繁盛，不再以受赞美、被宠爱为荣。它把一切的赞美与宠爱都隔离在淡淡的秋光外，而只愿做一个沉静美好的秋。

教师随想

　　安幼的院子里有着丰富的植物资源，特别是185棵大树装点着四季的美景，同时这些大树也是生命教育重要的自然资源之一，孩子们每天在与大树互动的过程中，感受着自然的美好。这些植物不再是"只可远观而不可亵玩",而是真真实实成为孩子们亲近自然的桥梁。特别是在安幼的秋天,秋风一起,落叶纷纷掉落,满山坡的落叶成了孩子们的最爱,各种各样新奇的玩法在孩子们无限创意中应运而生。"寻找落叶形状的秘密""找找最大的树叶"等活动发展了孩子们的科学探究能力。"落叶小船""落叶雨"等活动让孩子们感受到了在自然中玩耍的乐趣。"植物彩虹""落叶发卡"等活动让孩子们感受到了自然独特的美……孩子们在自然中生活、学习、游戏,在安幼自然环境的拥抱下,享受生活,享受自然的景色,享受人与自然和谐的美好。

银杏树

冬的静谧

　　冬天，一个会令人感到寒冷的季节，但是在安幼的院子里，冬天的到来也能带给孩子们不一样的情景世界。寒风吹来了，冰雪沐浴着阳光飘下来了，孩子们仍旧沉浸在冰雪世界中，与冰玩耍，与雪共舞，无比兴奋与快乐，时不时传来他们的欢声笑语……虽然已是冬天，但冬天的一切自然资源仍是孩子们的玩伴，孩子们对动植物依旧保持着一颗温暖的心。

　　在冬天，炽热的心照暖了这个院子。在这个院子里，孩子们一起玩冰雪游戏，延续着有趣的故事……

给冬日里的小鸟一点"温暖"

汪燕

万物冬藏的一月,本是一个平静的午后,孩子们玩耍时偶然发现:冬天的山坡上总会有小鸟飞来觅食。为了让小鸟们也能吃饱、喝足,孩子们决定为冬日里的小鸟制作"喂食器"。于是,他们为"爱"探索的旅程开始了。

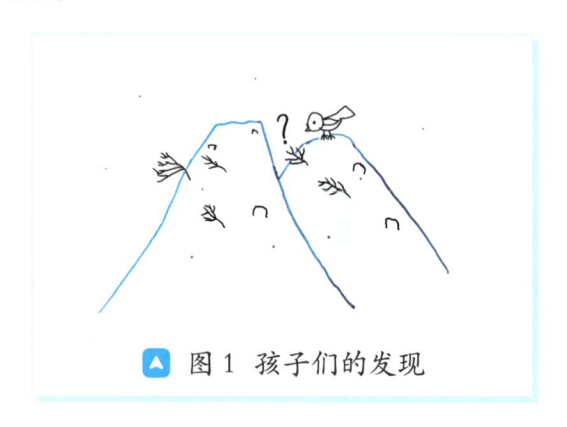

▲ 图1 孩子们的发现

爱的设计畅想会

行动的第二天,孩子们带来了准备做"喂食器"的材料,有房子牛奶盒、纸盒以及矿泉水瓶。材料的属性激发了孩子们对于制作"喂食器"的各种各样的想法。有的想造双层房,每一层都有不一样的功能,孩子们说:"一层可以给小鸟喝喝水,另一层可以给小鸟喂喂食。"有的想根据小鸟的习性将喂食器造在不同的地方,树上、地上都是小鸟经常会去的地方。100个孩子有100种想法,100个孩子有100种语言。但在他们的想法、语言中,无不彰显着"爱""经验""同理心"这样的关键词。

为爱行动

在活动中，孩子们通过寻求帮助、主动检索信息、参加儿童议会、同伴互助等形式，分享了经验，也不断拓展、提升了自身的能力。

可不要小看孩子们，跟着镜头一起来看看遇到问题后他们是怎么做的吧。经过小组讨论、计划，他们决定制作两种款式的喂食器：地上喂食器和树上喂食器。

（一）纸盒大改造——给小鸟造一个地上喂食器

经过前期的讨论、制订计划，孩子们开始制作起了小鸟喂食器。他们按照计划切割盒子，并将盒子盖子贴上透明胶进行防水。完工后，他们发现了很多问题。

问题1：下雨的时候，地上喂食器里的食物会被淋湿，怎么办呢？

解决方案：做个雨棚遮一遮。

▲ 图2、图3 制作雨棚中

问题2：雨棚一遮，喂食器里面太黑了，都看不见食物，怎么办呢？

解决方案：做个伸缩式雨棚。

男孩："我们可以做个伸缩的，雨下得大的时候，盖子可以和盒子离得近一点。雨小的时候盖子可以远一点。"

老师："那怎么做伸缩的呢？"

男孩："用一根棍子插在盖子中间，然后棍子粘在盒子的底部，移上移下就行了。"

孩子移动盖的设计震惊了我，当时我还在思索怎么才能做伸缩盖，男孩的回答给了我新的思路。

▲ 图4 计划"伸缩式雨棚"

问题3： 进去吃东西不是很方便，怎么办呢？

解决方案： 纸盒喂食器上开个门，欢迎小鸟来觅食。

▲ 图5 幼儿正在切割

简易版地上喂食器完工了！虽然成功了，但孩子们的探索还在继续。

（二）牛奶盒变变变——小鸟更喜欢造在树上的喂食器

今天孩子们按照计划进行喂食器2.0版本的探索，我拿出房子牛奶盒，问孩子们："如果挂在树上，你们想做怎样的喂食器呢？"

男孩："我想做两层，一层可以给小鸟喝水，另一层可以给小鸟喂食。"

女孩们都同意了。

我追问："那你们打算怎么做？能画个设计图纸吗？"

男孩点着牛奶盒的中间说："我们可以在这里开个洞。"

随即我抓住男孩的想法追问："你们觉得开在这里合适吗？"

女孩："不合适，因为开在这里食物会掉下去，吃起来不方便。"

男孩："我有办法了，我们可以拿老师的KT板把它插进去，这样就可以分两层楼。"

女孩："你开洞的话会淋到雨！"

男孩："我们可以做扇门，就像这样，男孩用笔画了出来。"

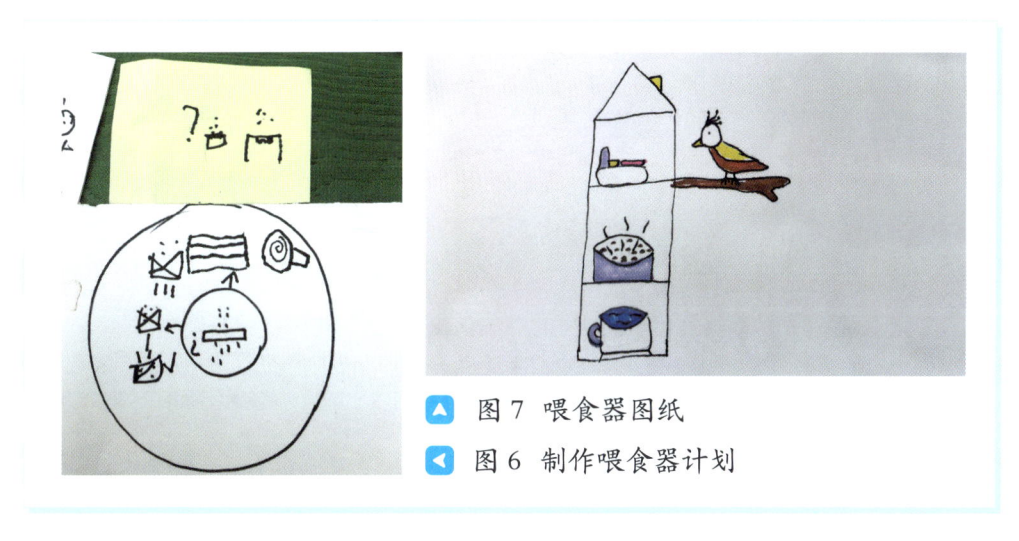

▲ 图7 喂食器图纸

◀ 图6 制作喂食器计划

经过商量后，他们都同意"开扇门"的想法。在商量的过程中，他们也提出了自己的问题，比如：怎么割板才能一样大小，怎么将牛奶盒固定在树上呢？带着这样的问题，我们的探索开始了……

制作中……

今天孩子们围绕计划开始做起了能挂在树上的喂食器,他们想在牛奶盒喂食器中间加个分隔板。"怎么把板割得正正好好呢?"带着这样的问题,孩子们进行了两次尝试。

尝试1:根据牛奶盒的宽度,自己将线延伸出去。

结果却不理想。

尝试2:比一比,描一描。

让牛奶盒躺下来,用笔贴着牛奶盒画下来。他们沿着描的线进行了切割。切割完后,当他们塞进牛奶盒后,发现大小还挺合适的。

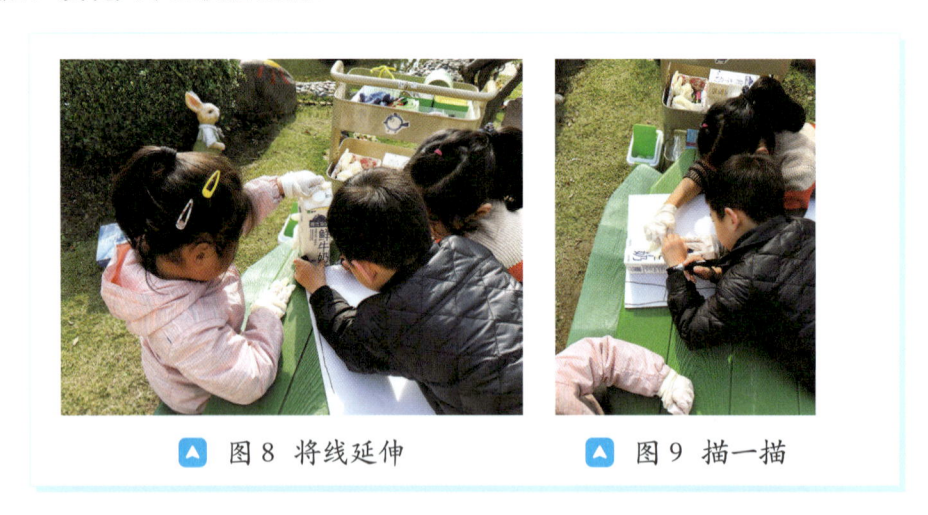

▲ 图8 将线延伸　　▲ 图9 描一描

教师随想

冬天虽冷,但我们却可以很暖;温暖我们的是孩子们的一个个暖心的想法。冬天虽乏,但我们却可以很精彩，使我们精彩的是孩子们一段段有趣的经历。在安幼的童年院子里，孩子们会偶遇动物，会发现各种秘密，一次山坡上小鸟的觅食激发了孩子们制作喂食器的想法。

在这个院子里，孩子们用自己的好奇心、爱心以及各种感官探索着自然。爱，让孩子们开启了这场探索之旅；爱，让孩子们的设计有了温度。他们说，要给小鸟造不同功能的家，有休息的地方、有进食的地方，他们正用自己的方式关爱着小鸟。当然，爱，也让孩子们迎难而上，我想这就是爱的力量、爱的智慧。小鸟需要我们，我们也需要小鸟的陪伴。小鸟的存在让生活变得更加有趣，让发现变得更加生动，让世界变得更加美好。自然是孩子们最好的课堂。

童年是美好的。给小鸟们做的喂食器可能并没有成功，但却在孩子们的心里种下了一粒爱探索、爱发现的种子。他们还在不停地发现，发现生活中的小美好。

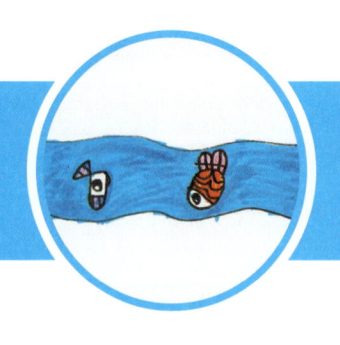

冷冷的冰，暖暖的心

姜笑琛

一个冬日的早晨，孩子们正在花园里做游戏，突然传来了一阵笑声。走近一看，原来经过前两天的连续降雨和昨夜的气温骤降，轮胎里的积水结成了冰块，孩子们十分惊喜。因为对于南方的孩子来说，看到自然结冰现象的机会并不多。

"快来看啊，这里有好多冰块！"馨馨挥手呼唤着同伴，我也快步走了过去。只见好多的冰块。因为很少有机会接触冰块，所以孩子们都非常地开心，每个孩子脸上都洋溢着快乐的表情。

只见苏苏拿起了一块冰块对同伴说："看，结冰啦！"然后他举起冰块观察起来，他发现冰块在阳光下晶莹剔透，不禁感叹道："冰里面有好多好多小泡泡，真漂亮啊！"听到了苏苏说的话，越来越多的孩子们放下了游戏材料，去轮胎里、草地上、花园里、院子里寻找冰块。

▲ 图1、图2 孩子们发现了冰

为了进一步激发孩子们对于冰的好奇心与探究欲望，我手上也拿着冰，问道："朋友们，冰拿在手里是什么感觉呀，冰又是什么样的呀？"

岚岚："哎呀很冷的，快把我冻死啦，摸完后手里还有水呢！"
桐桐："硬硬的，还很滑，我都快拿不住了！"
卿卿："手里拿着，水都滴到我衣服上了。"
妍妍："冰是水做的，它都已经变成水了。"
奕奕："冰块是没有颜色的，我的手指还能看见呢。"
涵涵："冰摸起来好凉啊，还滑滑的。"
小明："冰块摸起来好冷，我的手都麻了！"

孩子们与同伴分享自己的感受与体验，他们发现冰摸上去是凉凉的、透明的、会融化成水。

图3 孩子们将冰拿在手里

看到孩子们对"冰"如此感兴趣，我们决定追随孩子们的脚步，和孩子们一起来探索神奇的"冰世界"。这几天气温依旧还是零下，结冰的现象随处可见。我们与孩子们开展了一次儿童议会，引导孩子们说出这两天自己寻找到的结冰现象，并用画笔记录自己所观察到的现象。

其他孩子的分享引起了苏苏的思考，他提出了一些疑问：什么样的水容易结冰？有的水结了冰，有的水却没有结冰，有的结的冰厚，有的结的冰薄，那么什么样的水容易结冰呢？

苏苏的疑惑也引起了其他孩子的思考。为此，我们设计了亲子引导单，孩子们和爸爸妈妈一起在家里进行了实验。

▲ 图 4-7 孩子们观察结冰现象后的记录

▲ 图 8 亲子引导单

▲ 图 9 在家进行了实验

116　院子里的童年

实验后，孩子们分享了自己的实验结果，他们所分享的实验结果却不尽相同。有的说自来水先结冰，有的说热水先结冰。孩子们商量下来决定采用投票形式，统计一下实验结果。孩子们根据自己的实验，给最先结冰的水贴上一个大拇指贴纸。实验统计结果显示，自来水、热水和盐水中结冰最早的是自来水。但是这时候，孩子们又提出了一个疑问："小杯子里的水和大杯子里的水哪个容易结冰呢？"他们纷纷进行了猜测，孩子们的"探冰"之旅还在继续，生命与自然的对话也还在继续……

教师随想

当孩子们在进行花园游戏时不经意发现了冰，我并没有进行阻止。幼儿们可以放下手中的游戏材料，拥有充分的时间与空间，自由自在、无忧无虑地到童年院子里的任何角落去寻找冰块，在大自然当中愉快、无拘无束地用他们的双手去亲身体验感受"冰"的有趣之处，并且和同伴分享自己的感受。这种做法可以呵护每一个儿童的童真。

在小安的童年院子里，孩子们徜徉在大自然的怀抱中，可以感受到大自然一年四季美丽且神奇的变化，而孩子们对大自然的体验是独一无二且真实的。幼儿对于"冰"的兴趣十分浓厚，我们便追随幼儿的脚步，对幼儿的疑惑并不是直接给予答案，而是让幼儿自己去寻找答案，关注亲身体验感受。幼儿在自主调查、思维碰撞和儿童议会中一起探究"冰"的神奇之处。童年就在一次次感受大自然和生命的温度中变得有趣与美好。

让植物温暖过冬

黄辰燚

天气越来越冷,一阵风吹过好像就带来了冬天,孩子们纷纷穿上了厚厚的冬装来抵御寒冷。散步的时候,孩子们观察到幼儿园的大树变得光秃秃的,于是提出了心中的疑惑:大树们没有衣服要怎么抵御冬天的寒冷呢?

白白的树干

冬天来了,幼儿园的大山坡不再是和以往一样绿油油的、充满生机的样子,而是变得有些灰灰的、光秃秃的。孩子们平时最喜欢的自然探索也仿佛因为厚厚的冬装而使动作缓慢了。

一阵风吹来,让潼潼使劲地缩了缩脖子。"天这么冷,我们穿了厚厚的衣服都还有点冷,那幼儿园里的大树没穿衣服,肯定更冷了吧。"

"对啊,大树之前还有很多树叶保暖,现在树叶都变成落叶了,大树该怎么度过这个冬天呢?"奥利奥也很担心大树。

"我知道!"金鱼听到了奥利奥的问题,回头和他讨论了起来,"爸爸和我说过,当冬天快到的时候,工人叔叔会把树干涂成白色,用来帮助大树抗寒的。"

"为什么只是涂了白颜料就可以抗寒呢?"潼潼不解。

"嗯……这我也不太清楚了。"这下金鱼也不知道怎么解释。

"不如回教室,用平板电脑查一查涂白树干的秘密吧。"于是,我鼓励他们可以借助网络的力量去试试。

几个孩子立马通过平板电脑查询到了涂白树干的秘密,原来涂在树干上白白的是石灰水,相

▲ 图1、图2 涂白树干的秘密

当于给大树穿了"保暖衣"，通过反射掉部分太阳光，帮助树干在白天和夜间的温度差降低，避免裂开、冻伤，达到预防寒冷的作用。

"原来把大树的树干涂白有这么多的作用，除了防寒，还可以防虫。"金鱼说。

"看样子幼儿园的大树肯定能抗寒！"潼潼总算是松了一口气。

给树穿衣服

在找到白色树干的保温秘密后，孩子们又有了新的发现：校园里不是所有树木都涂上了石灰水，比如前操场的龙爪槐就没有涂，它们该怎么保暖呢？

"我们也给它涂上石灰水不就行了？"潼潼说道。

"可是我们没有石灰水呀，专业的工人叔叔才有石灰水。我觉得我们可以用布把它包裹起来。"奥利奥说。

"那我们还得用绳子绑住布，不然布很容易被风吹走。"金鱼说。

通过讨论，孩子们决定为没有涂白的树穿上衣服。他们一起在教室和家里收集了旧的衣服、麻绳、麻袋、塑料布等保暖材料。

冬的静谧 119

▲ 图3、图4 给大树收集制作衣服的材料

在一个阳光正好的午后,孩子们分头开始了行动。虽然冷风呼呼吹,可是孩子们干活儿的劲头却十分高涨,大家互相帮助,忙得热火朝天。

▲ 图5 孩子们为树穿衣服

"我觉得还是用旧衣服,塑料布不够透气,大树会不能呼吸的。"潼潼考虑到保暖的同时也不能忘记最重要的透气性。

"那我用布来包住树干,你们来绑绳子。"金鱼提议。

孩子们通过不懈努力,终于完成了给大树穿衣服的工作。我们相信,幼儿园里所有的大树都能顺利地度过这个冬天。

除了大树，孩子们还考虑了大树下的小草，他们利用植物插牌将自己绘制的保护标志插在泥土中，提醒小朋友们减少在草地上的活动，一起来保护冬天脆弱的小草们。

▲ 图6、图7 制作保护标志

▲ 图8、图9 布置标牌

植物暖箱

在有了为大树保暖的经验后，孩子们又联想到随着天气越来越冷，班级小花园的植物也枯萎了很多。很多平时很喜欢去小花园里观察植物的孩子，在发现小植物被冻死之后，都非常伤心。于是为了保护仅存的几棵绿植，为植物宝宝们制作温暖的家，不让它们继续在寒风中受冻，孩子们又行动了起来……

他们首先通过网络、书籍等途径了解植物过冬的一些措施，其次和爸爸妈妈一起讨论可行的方法，最后决定为自然角的植物设计植物暖房。

▲ 图10 设计植物暖房

▲ 图11、图12 布置植物暖房

孩子们利用双休日，和爸爸妈妈一起用家里现成的纸箱、泡沫盒、塑料薄膜、保鲜膜等制作出款式各不相同的暖房，不仅为植物保温，还兼顾充足光照与通风，相信自然角的植物有了孩子们的帮忙，也能抵御住寒冷的天气。

教师随想

孩子们通过自身对天气变化的感受，设身处地地考虑到校园里的树木是否也需要保温，是孩子们对生命、对自然的关心和爱护的自然体现。在帮助植物温暖过冬的过程中，孩子们遇到问题时会利用电子设备自主地查询资料，通过和同伴、家长一起商讨，探究如何让树木温暖过冬的方法，大家自发地从家里收集了各种保温的材料，亲自动手，在寒冷的冬天为树木穿上了厚厚的衣服。

保护大树过冬的行动不仅是孩子们亲手保护树木、关爱生命的情感体现，还通过和同伴协商合作的过程，让友情得到了升华。

在童年院子里，孩子们和好朋友一起游戏、一起探索，在观察自然的同时，实现了保护自然、关爱植物的美好愿望。

收集阳光

王庆梅

随着冬季来临，自然角中的蚕豆和豌豆并没有长得像隔壁班级的植物那么健壮。孩子们看着自己亲手种下的小豆子苗长得没一点儿精神，显得非常着急，不断地给它们浇水、施肥，但这些常规的照料行为并没有对蚕豆和豌豆的长势有明显作用。直到有一天，天气晴好，孩子们发现自然角的阳光都被门口的大树挡住了。孩子们猜测没有阳光可能是造成豆苗萎蔫的原因，于是孩子们就讨论怎样让我们这个地方的植物也享受到阳光。因此，"怎样能帮植物收集到阳光"就成了孩子们关心的话题，为豆苗制作一个阳光收集器的想法油然而生。

▲ 图1 长得没精神的蚕豆和豌豆　　▲ 图2 大1班享受到阳光的蚕豆和豌豆

要想制作阳光收集器，首先要解决的问题是收集各种能反光的材料。孩子们收集并比较各种材料的性能，例如各种金属制品可以反光，但是光线不是很明显；妈妈的化妆镜也适合反光，但是比较小等。同时，孩子们把自己收集的可以反光的材料带到了班级里，来了一次阳光反射大比拼，经过比较发现，用光盘、镜子、锡箔纸反射的光最明显和最强烈。

▲ 图3 孩子们找到的可反光的材料　　▲ 图4 孩子开展阳光反射大比拼

当反光材料收集好了之后，孩子们便开始制作阳光收集器。一开始，孩子们制作了一个平面的阳光收集器，不便于站立在自然角给植物收集阳光。于是孩子们通过不断改进，把一块平面的阳光收集器做成了三棱镜形状，这样收集器可以自己站立在光源处，植物收集阳光。这样改进过的阳光收集器，即使孩子们周末没有上学，也可以及时地为植物收集到阳光。后来孩子们发现，阳光并不是总在同一处出现，早上和晚上会有不同的光源。为了能为植物收集到一整天的阳光，

▲ 图5 平面阳光收集器　　▲ 图6 可站立阳光收集器　　▲ 图7 多面立体阳光收集器

冬的静谧

孩子们又把三棱镜形状的阳光收集器改成了四面体的形状，这样不管太阳转到哪个方向，都可以为自然角的植物反射阳光。

在制作阳光收集器的过程中，孩子们从一开始设计的平面阳光收集器到立体的阳光收集器，最后到多面的阳光收集器，不断解决收集阳光过程中的各种问题，进而调整、改进自己的设计，达到了让阳光收集器充分为植物收集阳光的效果。

教师随想

在收集阳光的案例中，我们发现"刨根究底"是大班孩子在探究中最明显的特征。孩子们在自主的观察中发现自己感兴趣的问题，用查找资料、假设、验证等方法去寻找答案，孩子们甚至会先假设一个答案，再去验证其正确性。对于不明白的问题，他们往往会刨根究底，向大人提出一连串"为什么"。从收集阳光的案例中，我们可以看出孩子们的探索就一直被各种"好奇的问题"推动着往前发展。只有当他们的问题得到真正的解决，好奇心才会得到充分的满足。而在好奇心得到满足的过程中，他们体验着快乐以及自主解决问题的喜悦。

同时，关爱生命的种子也在孩子心中慢慢地萌芽。在收集阳光的过程中，孩子们从开始探索蚕豆苗为什么一直萎蔫开始，到最后设计成多面体的阳光收集器，都是围绕"如何关爱小豆苗"的情感展开的，关爱生命的行为也在一步步地落地。例如，在发现三棱镜形的阳光收集器只能为某一株植物收集阳光，而自然角里除了小豆苗，还有其他植物，如何让更多的植物都能享受到阳光，这促使孩子们探索创造了立体的阳光收集器。孩子们在一次次的关爱植物生命的情感中改进阳光收集器，并最终获得成功。

关爱生命的情感驱动孩子们不断地进行科学探索，所以关爱生命也成就了孩子们爱科学、爱创造的科学品质。

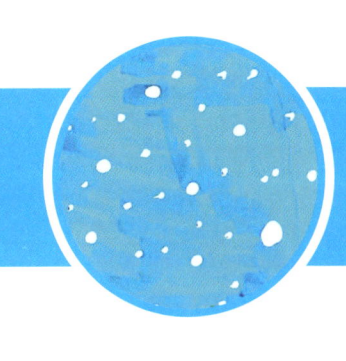

冬日里的冰雪游戏

沈雯霏

一走进安亭幼儿园，就会看到高低起伏的大草坪，潺潺而下的小桥流水、背阴的土丘、步入式的小池塘、茂密高大的竹林，还有富有挑战和自然趣味的沙池等自然环境，同时还拥有着丰富的植物品种，如：春天的柳树、桃花；夏天的杨梅、玉兰；秋天的果树、银杏、枫树，冬天的蜡梅等。

丰富多元的户外自然环境为不同儿童的游戏兴趣、亲近自然提供了强有力的支持。儿童不用另外找材料，就能根据四季变化的特征，利用现成又完整、生成又多变的自然环境和自然物进行充满野趣的自主游戏。儿童每天都享有20分钟"小安找秘密"游戏时间和丰富的游戏空间，儿童有权利每天与大自然亲密接触，肆意奔跑、尽情玩耍，享受着"大自然与游戏"相结合的乐趣。

春天有五彩缤纷的花朵，幼儿最喜欢玩"花仙子"的游戏……

夏天正是幼儿玩水的好时候，他们最喜欢玩"打水仗"的游戏……

秋天，孩子们收集了各种各样的落叶，和朋友玩着"树叶猜拳"的游戏……

冬天和其他季节不一样，没有其他季节那么令人兴奋，树木的叶子脱落了、小动物都沉沉地睡觉了，一切显得安静又平淡。那么，冬天幼儿还会不会发现好玩的游戏呢？

当然啦，幼儿是游戏的主人，哪怕是冬天，他们依然乐此不疲地想着、玩着各种有趣的自然游戏。瞧，冬日里的冰雪游戏正在火热进行着……

白白的是什么

12月6日的早上，由于气温较低，校园里的山坡上覆盖了一层白白的霜，引起了孩子们的注意和好奇。自由活动时，我听到几个孩子正在讨论。

▲ 图1 孩子们发现白茫茫的山坡

悦悦："我发现了一件事，我们的山坡变得白白的了。"

涵涵："我也发现了，可昨天运动的时候山坡还是黄黄的。"

天源："咦，这是怎么回事？"

炯炯："我知道，那是霜。"

涵涵："什么是霜？"

炯炯："天冷了霜就出来了，会盖在小草上和树叶上，就是白白的了。"

悦悦："我好想去抓点霜，看看是什么样子的。"

炯炯："我也想去，不如玩一个游戏吧，看谁能先找到霜，怎么样？"

悦悦："好啊，肯定很好玩，我要去。"

涵涵："我好想看看霜长什么样，我要放在显微镜下看。"

悦悦："我们什么时候去找霜啊？"

天源："找到霜了，怎么拿回来呢？"

悦悦："我们去找点工具，想办法把霜装进去不就行了。"

涵涵："我们要定下规则，不然都不知道怎么玩了。"

炯炯："选一样工具，到山坡上去找，谁第一个找到霜，带回教室就赢了。"

悦悦："还有一个规则，就是整理音乐响的时候，我们要回到教室。"

天源："我要找到很多很多霜，装在杯子里像冰激凌啦。"

涵涵："我好想看看霜长什么样，我要放在显微镜下看。"
……

当孩子们有了寻霜游戏的想法，且讨论好如何开展游戏后，他们兴奋地跑来告诉了我，我听后立即肯定和支持他们的想法，并相约在"小安找秘密"游戏时间一同去找霜。幼儿在自然中总能找到自己的兴趣点，无论春夏秋冬。在成人眼里再普通不过的自然物，对于他们来说，可能是非常好奇的宝物。"寻霜"是幼儿自发产生的游戏内容，通过小组协商、共同参与游戏的方式，确定"找到霜"的目标，构思一个简单的情节"谁先找到霜谁获胜"。我更欣喜地看到：幼儿能自主制定游戏规则，考虑了玩法、时间、材料等因素，共同理解和遵守规则，充分体现了大班幼儿年龄特点和游戏水平。而我在倾听幼儿的兴趣和想法后，立即肯定他们的想法，给予他们足够的时间和空间，支持幼儿开展游戏，同时我也以同伴的身份，一起加入寻霜游戏中，进一步地观察他们的游戏过程。

寻霜游戏

寻霜游戏开始了，孩子们各自拿着工具，在山坡上自由搜索着霜的踪迹。

炯炯拿着一个放大镜，在山坡上每走一步都要弯下腰、低下头仔细地寻找霜。

悦悦捡起一片树叶，手指一摸说道："这上面好像是霜啊，老师你看。"

天源指着一片白色的小草说："这是霜吗？"

立立："不是，这草本来就长白了。"

天源又找到了一片白色的纸片说："这是霜吗？"

涵涵一看告诉他："这也不是嘛，这是垃圾。"

天源："你找到霜了吗？我怎么找不到啊？"

乐乐拿着一片树叶说："这上面有水，可再挤挤，水又没了。"
……

大家各自分头寻找着。炯炯没有找到霜，却看到小路上印着大家走过的一个个脚印，联想到说："我知道了，小草上湿湿的，是霜被太阳晒融化了，所以我们找不到霜了。"

▲ 图2 孩子们第一次玩寻霜游戏　　▲ 图3 悦悦找到了一片树叶

▲ 图4 天源找到了白色的草丛　　▲ 图5 发现脚下湿湿的

　　虽然在游戏中大家都没有找到霜，但孩子们肆意奔跑、自由结伴，和伙伴一起分享着快乐。整理的音乐响起，孩子们回到了教室。在交流讨论中，寻霜小队介绍了游戏，也提出了"霜去哪儿了？"的问题，其他孩子都参与进来，一起讨论着……

　　乐乐："可能是你们找的地方不对，山坡上没有霜。"
　　悦悦："可我早上的时候明明看到山坡上白白的。"
　　波波："那山坡上白白的可能本来就不是霜啊。"
　　涵涵："炯炯说白白的是霜。"
　　炯炯："我发现我们的鞋子都湿了，可能霜被太阳晒融化，变成水了，所以我们找不到了。"
　　……

在质疑声中大家决定现场调查信息来验证，他们求助我搜索了关于"霜变水"的事，正如幼儿猜想的，随着温度升高，霜融化了。同时幼儿要满足游戏的需求，所以他们又提出："下一次要什么时候才能玩这个游戏？""霜什么时候再出现？"为了让寻霜游戏能继续玩下去，满足幼儿游戏的兴趣和需要，放学时我发布了一条"亲子小调查"任务，邀请家长和幼儿一起调查关于霜的信息。第二天，孩子们纷纷踊跃地分享自己调查到的信息。

涵涵："我查到霜是在0摄氏度时才会出现的。"

炯炯："霜就是水蒸气变成的，太冷了，水蒸气冻成了霜。"

悦悦："我爸爸给我看了霜放大的样子，像雪花一样的形状。"

我："太棒了，查到了这么多关于霜的信息。那么我们什么时候才能再玩找霜的游戏？"

涵涵："要等到气温在0摄氏度时，有霜了，我们就能玩游戏了。"

立立："我查了今天是6摄氏度，今天玩不了游戏了。"

炯炯："那我们每天看看天气预报，什么时候出现了0摄氏度，我们就能玩游戏了。"

……

▲ 图6 霜是水蒸气凝结而成的　　▲ 图7 孩子调查后的发现

为了玩寻霜游戏，幼儿执着地等待着霜的出现。等到第4天，大家终于迎来了霜。他们再次拿着各种工具，来到山坡上，玩起了寻霜游戏。

涵涵拿起一片树叶说道："真的有霜，白白的就是霜。"天源拿着杯子，一片一片地收集着有霜的树叶，他和涵涵合作，一人拿着杯子，一人用纸片把树叶上的霜刮下来，说："我们要做一杯霜冰激凌。"立立仔细地搜索着，在木板的缝隙间发现了霜，他拿着镊子来回地刮，霜就沾在了镊子上。炯炯也找到了霜，他说："霜像一粒粒白糖似的。"悦悦用平板电脑拍了许多霜的照片。

这一次，寻霜游戏终于成功了，每个孩子都是获胜者，他们带着自己的"战利品"回到教室，

▲ 图 8　第二次寻霜游戏

▲ 图 9　涵涵发现了霜

▲ 图 10　孩子自主选择工具

▲ 图 11　在地板缝里发现了霜

▲ 图 12　立立用镊子收集霜

▲ 图 13　放大镜下的霜

和其他伙伴分享了游戏的经过和成功的经验。在大家共同梳理下,我们得出了玩寻霜游戏的诀窍:(1)每天看天气预报,温度低到一定程度,霜才可能出现。(2)收集霜的工具需要放大镜和杯子,平板电脑可以记录下霜的样子。(3)草坪上、叶子上和木板缝里容易找到霜。(4)冬天在户外游戏时,一定要多穿衣服,保护自己,走路小心,防滑防摔。

破冰行动

一天,在找霜时,幼儿意外发现了池塘水面上结成了一层冰,于是"破冰"游戏开始了。幼儿自由组建了不同的"破冰小队",分别去校园里找冰,运用不同的工具破冰,有的用网兜,有的用树枝,有的用大勺子,有的直接用脚……成功破冰后,幼儿们激动地拿起一块块冰,快乐得玩耍。接下来的日子里,我总能看到幼儿自由穿梭在校园中的身影,一会儿玩冰、一会儿玩霜,他们也更期待着玩雪。

在冬日里"寻霜"与"破冰"的游戏中,大自然成了幼儿快乐游戏的最佳伙伴。孩子们自由结伴、自订计划、自选工具,按自己的意愿选择游戏,以自己的方式进行游戏,在与环境、材料和伙伴的相互作用中,共同分享游戏带来的快乐和学习彼此的经验。可喜的是,孩子们在游戏中获得了良好的社会性发展,与人沟通、协商、合作,遇到困难时会求助,更可贵的是他们锻炼了解决问题的能力,有效地提高了自己的游戏水平。

▲ 图14 池塘上的冰　　▲ 图15 各种工具破冰

教师随想

　　从前我会操心"让孩子们玩什么游戏"，现在我会期待"孩子们想玩什么游戏"。这变化在一定程度上要归功于儿童的游戏从室内走向了户外，更感谢大自然带给儿童无限创造的游戏空间。儿童通过亲身经历"春夏秋冬"四季轮回，亲身感知大自然中动植物、天气等神秘变化，由此自主创造了许多有趣的游戏，这是幼儿富有想象力和创造力的表现，更是幼儿高层次游戏水平的体现。

　　大班幼儿从最初创想游戏，到招募伙伴、自定规则和自主游戏，整个过程中幼儿的社会性发展得到了有效提升。在与同伴或成人交往中，幼儿自主建立了良好的人际关系，积累了社交经验；在玩游戏的过程中，幼儿愿意遵守行为规则，主动约束自己，形成良好的社会秩序感。同时，每个幼儿有个性差异，如：炯炯有较高的游戏组织能力，悦悦有较强的规则意识，涵涵善于观察比较，立立富有想象力，天源乐于接受他人意见。与同伴合作协商时，大家相互学习借鉴，认同他人和分享智慧，提高了各自的认知能力和游戏水平。

猫窝

朱梦晓

在寒冷的冬季，有一只小猫宝宝一直会"光顾"我们的小花园。有一天，孩子们发现猫宝宝很久没来，于是向琚老师询问小猫宝宝的去向。孩子们问："小猫在哪呢？"琚老师跟孩子们说："小猫宝宝被幼儿园对面水果店的老板娘领养了，大猫还在幼儿园阳光房后面。"孩子们经过一番讨论后，就要不要收养小猫问题分成了养猫队和不养猫队。前几天养猫队小朋友看到小猫又冷又饿，在寻找吃的，想到要为小猫做一个窝，好让它有一个暖暖的家过冬。

▲ 图1 向琚老师询问猫宝宝的去向

怎么做"花猫的家"

在开始行动前，孩子们有许多问题：

乐乐："我家的猫窝是现成的，都是用铁丝做成的。"

褚涵："不行，我们小朋友不能用铁丝的，而且天气这么冷，流浪猫也会怕冷的。"

为了让孩子们更好地开展项目化学习活动，我们特地和孩子、家长一起进行了"你了解的花猫"大调查，了解猫的习性，梳理一些制作"暖暖的家"的经验、方法，帮助孩子们收集好信息。

泽恺："我们可以先看看'调查表'，看看人家有什么调查方法。"

乐乐："这种是用木头做的，太难了，我们好像不会做的。"

褚涵："我们可以用纸盒试试，不过要比猫大的那种纸盒，这样更适合它。"

▲ 图2 进行信息调查

两个孩子有了不一致的想法，通过查阅科学信息本、调查了解合适的材料，在班级中开展儿童议会，最终同伴投票选择票数最高的"纸箱"作为"暖暖的家"的制作材料。决定了基础材料，孩子们就行动了起来。

乐乐："那我们就用纸箱子给花猫做'暖暖的家'吧！"

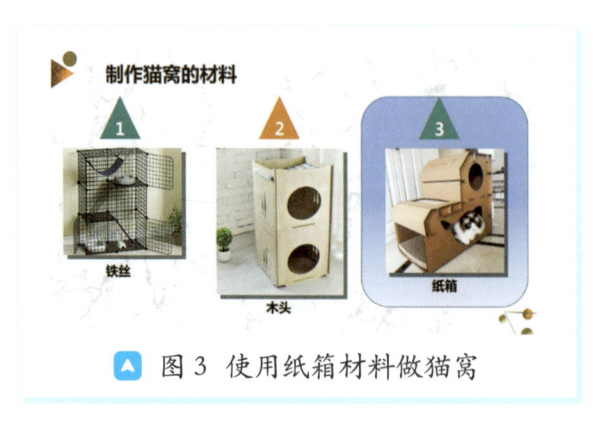

▲ 图3 使用纸箱材料做猫窝

136　院子里的童年

设计图纸，准备材料

泽恺："我们什么时候设计图纸呢？我做梦都在给花猫做家。"

孩子着急地询问，于是开始了设计。三位孩子共同制订计划书，并进行分组分工。于是他们设计的"花猫家"就还原了她所说的那样，像一间房子的模样，还有一些局部放大的图，有门有窗。乐乐把讨论到的可能需要的工具和材料都画了下来。

乐乐："我想设计一个房子一样的，然后挖个洞，上面再加个屋顶。"

褚涵："那得有个窗。还可以弄两层楼的。"

泽恺："我觉得可以加个仓库，放放小猫的玩具、喝水工具。"

乐乐："好的，你来画房子，我来画需要哪些工具和材料！"

▲ 图4 分组分工   ▲ 图5 材料工具

在进行花猫的家设计稿分享时，小朋友们还给三位孩子建议道冬天天气冷，"暖暖的家"里要有保暖的材料，可以有毯子、棉花等；下雨了怎么办呢？孩子们说还需要用塑料袋来防水或者用金纸来防水。制作过程中需要用到很多的工具，如麻绳、剪刀、硅胶枪等。

于是，最终的猫窝设计图便形成了。

▲ 图6 猫窝设计图

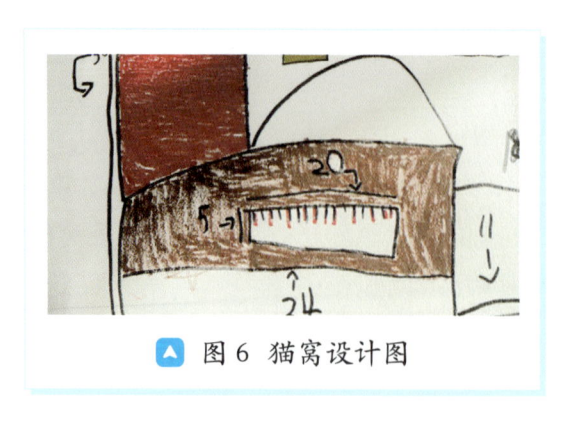

制作猫窝

第一个问题：通风——制作窗户

在制作过程中，孩子们很快又发现了新的问题：猫窝只有门是不够的，还需要通风。于是两个孩子就在房子的侧边挖了个洞。因为纸板箱比较厚，开窗需要用到锋利的美工刀，两位孩子就求助于炎灏妈妈来帮忙。

▲ 图7 开窗户通风

第二个问题：防水——用金纸包裹纸箱

两个孩子在大致制作完房子后想到了一个问题：万一下雨怎么办？

乐乐说:"可以用塑料袋。"

泽恺则说:"现在哪里有塑料袋?"

炎灏想到了用金纸,泽恺说:"那我先去试试看,金纸放在水里会不会烂掉。"

做完实验后,泽恺高兴地说:"真的没有烂掉,可以防水"。于是三个孩子用金纸开始装饰猫窝。

▲ 图8 用金纸包裹纸箱防水

第三个问题:保暖——羊羔绒材质

◀ 图9 使用羊羔绒材质保暖　　▲ 图10 测量猫窝里外温度

几天过去，小猫还是没来住。

泽恺说："肯定是不暖和呀，这么冷的天！"

乐乐说："那我们给它盖个毯子吧。"

孩子们紧急开会，设想解决方案。经过讨论，孩子们寻找暖和的羊羔绒、毛毯、棉花等材质温暖屋子。里里外外都包上了羊羔绒，看上去非常暖和，期待流浪猫的到来。

教师随想

制作猫窝行动共历时一个多月，孩子们也遇到各种各样的困难。在整个学习过程中遇到问题时，他们都共同讨论、协商，在合作中不断地解决问题、实现想法。制作猫窝行动不仅激发了孩子关爱流浪猫、珍爱生命的情感，更进一步内化了孩子关爱生命的品质，将爱的种子撒向幼儿心间。

在体验探索中，孩子们经常会带着疑问回家询问爸爸妈妈，在亲子互动中共同寻找答案，丰富了幼儿的经验；在与同伴互动中相互学习，通过猫窝设计图、照片、记录表等感知和探索，他们乐意与同伴分享自己的想法和创意，将同伴互助与亲子互动的温暖浸润于幼儿生活中。

生命教育的本质是认识生命、尊重生命、关爱生命，在这个探索过程中，孩子们对关爱动物、保护生命有了更深的情感，对生命有了真正属于自己的认识和理解。

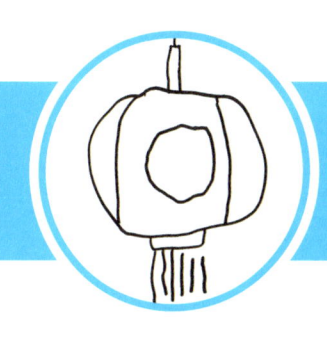

一起过元宵

沈玉叶

岁岁闹元宵，轰天锣鼓敲。一年一度的传统节日元宵节来了。我们通过举办各种各样的活动，让孩子们感受在这块土地上生长出的传统文化，获得原始生命的智慧和能量，从而在未来，拥有共同的文化记忆，真正实现彼此认同，共创美好愿景。

听故事，唱童谣——传统文化知多少

元宵节这一天，孩子们观看了元宵节动画小故事，了解了关于元宵节的传说、来历和习俗。农历的正月十五这一夜是圆月，古人又称夜为宵，所以称为元宵节。这一天人们张灯结彩、踩高跷、舞狮舞龙等，还要吃元宵或汤圆，代表全家团团圆圆在一起。

皓皓："我们为什么要过元宵节呀？"

辰辰："有一个元宵节的神话故事，说张灯结彩放爆竹是为了保护自己。"

皓皓："那贺年羹是什么？"

睿睿："贺年羹又叫洋粉粥，各种各样的食物放在一起煮一煮，让我们糊里糊涂、平平安安过一年。"

皓皓："今天回家就要和爸爸妈妈一起吃洋粉粥了。"

辰辰："据说上海青浦这里有个习俗，大年初一如果打了喷嚏，就要在元宵这天，走七座不同的桥，到七个不同姓氏的人家里讨七份洋粉粥吃了才行，吃洋粉粥的寓意是祝福新的一年太平无事，糊里糊涂过好一年。这就是洋粉粥的有趣由来。"

"观灯会、踩高跷，大街小巷真热闹！"幼儿园里歌声悠扬、笑声不断，孩子们载歌载舞庆元宵，一张张笑脸诉说的是元宵团圆庆祝的快乐。

图1 孩子们在看元宵故事

图2 幼儿在交流元宵故事

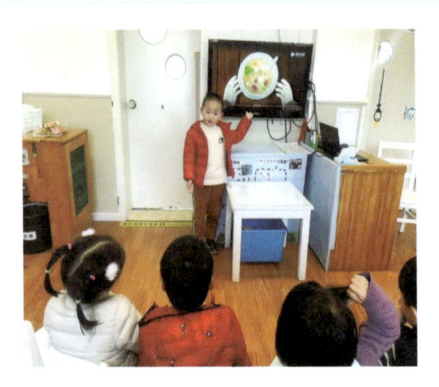

图3 幼儿在看贺年羹资料

辰辰:"元宵节还有童谣唱呢!"

小葛:"我听过一首童谣,观花灯、踩高跷,大街小巷真热闹。"

欢欢:"太好听了,我们一起唱。"

图4、图5 幼儿唱童谣

孩子们的故事和童谣还在继续,他们在共同感知了解元宵节的来历和习俗,感受元宵节的浓浓底蕴。

做手工，赏花灯——动手乐趣多

赏花灯是元宵节的重头戏，通过亲子制作、装扮元宵节灯笼，教师和孩子共同布置小安花灯展，孩子们欣赏花灯，感受花灯的美。此外，幼儿还制作舞龙道具、折纸汤圆等，在动手操作中体验集体过元宵的快乐。

宸宸："瞧，我做的灯笼。"

睿睿："瞧，我做的龙，等会儿可以舞龙啦！"

欢欢："这些彩灯真好看，还会发光呢。"

小葛："发光的彩灯有灯谜哦，等会儿我们比赛猜灯谜。"

▲ 图6、图7 幼儿布置灯展　　▲ 图8、图9 幼儿赏花灯

▲ 图10、图11 幼儿做手工

图 12、图 13 幼儿做舞龙道具

图 14 幼儿表演舞龙

图 15 幼儿在家中挂花灯

孩子们和爸爸妈妈一起制作花灯,把漂亮的花灯挂在家中,别提有多高兴了;他们还外出观看各种各样的花灯,进行猜灯谜游戏。全家人一起体会着元宵节阖家团圆的美满和甜蜜。

踩高跷、舞龙、猜灯谜——民俗游戏真好玩

踩高跷、舞龙是由来已久的元宵节特色活动,孩子们踩着自己制作的高跷,挥舞着自制的舞龙道具,感受着表演的乐趣。

小喆:"踩高跷真有趣。"

凡凡:"我和你一起踩高跷。"

睿睿:"看我来舞龙啦!"

小葛:"我跟在你后面一起舞龙吧。"

▲ 图16 幼儿踩高跷

猜灯谜是自古流传的元宵特色活动。农历正月十五，各家各户都要挂起彩灯，把谜语绑在彩灯上供大家猜。教室里孩子们挑选花灯，互相猜，比一比谁猜得又快又准，猜对者还可以得到一份小礼物。孩子们说，要将听到的谜语说给爸爸妈妈，让他们也来猜一猜。大家开动脑筋猜灯谜，要把中国的诗词歌赋和百科全书全都翻个遍。

凡凡："展昭玉堂化前嫌。"

小喆："猫和老鼠。"

宸宸："南方比较小。"

小葛："北大。"

皓皓："站着百分高，躺着十寸长，裁衣做数学，它会帮你忙。"

小雅："尺子。"

欢欢："飞机上唱民歌。"

睿睿："空调。"

冬的静谧 145

▲ 图17—图20　幼儿猜灯谜

做汤圆，吃汤圆——团团圆圆在一起

了解了元宵节的传统习俗后，孩子们对做元宵、吃元宵特别感兴趣，决定亲身体验做元宵。

将面粉放在手心里搓一搓，揉一揉，滚一滚，一定要捏成圆圆的，才能代表团团圆圆的意思。他们品尝着甜甜的芝麻心，感受着自己的劳动成果。

辰辰："你知道元宵节要吃什么吗？"

小雅："当然是吃元宵呀！"

蕊蕊："我们这边叫作吃汤圆，元宵节吃汤圆，一家人要团团圆圆在一起。"

辰辰："我要和爸爸妈妈，还有奶奶一起做汤圆、吃汤圆。"

蕊蕊："汤圆还有各种各样的馅儿呢！"

▲ 图21—图23 幼儿制作手工汤圆

▲ 图24 和奶奶一起做汤圆　　▲ 图25—图27 幼儿吃汤圆

小雅:"我喜欢吃芝麻汤圆,甜甜的。"

辰辰:"我还知道豆沙馅、猪肉馅,想吃什么馅就做什么汤圆。"

"汤圆"与"团圆"字音相近,象征团团圆圆,孩子们在家和爷爷奶奶一起做元宵,芝麻馅儿、鲜肉馅儿、豆沙、蛋黄,各种口味各种颜色,每一个圆滚滚、胖墩墩的汤圆都令人垂涎欲滴。品

冬的静谧　147

尝着亲手制作的元宵，感受元宵节全家团团圆圆在一起的喜庆氛围。孩子们通过各种活动，品味了元宵节甜甜蜜蜜、团团圆圆的寓意。

教师随想

"尊重每个儿童个性表达，润泽每个儿童生命体验的成长过程"，是每个安幼人遵循的理念，"爱家人、爱朋友、爱祖国"的情感，是安亭幼儿园培养幼儿乐群明礼的课程目标之一。儿童对土生土长的这片土地充满着热情，传统文化融入孩子的生命中，他们去聆听传统的声音、感知传统的底蕴、发挥传统的创造力，成为一个具有内涵的中国人。

正值元宵佳节，孩子们讨论如何过节，挂彩灯、唱童谣、做汤圆，这些是他们特别感兴趣的内容。小安们植根生活、亲身体验丰富多彩的民俗活动，体会团圆与关爱。孩子们在听故事、唱童谣中了解元宵节传统文化，在手工制作中感受民俗特色，在游戏互动中感受欢乐的节日气氛，体验在幼儿园过元宵节的愉快，萌发爱朋友、爱家人、爱祖国的美好情感。每一次体验都是经历，每一次经历都是成长，幼儿在活动中悦纳自己，乐群明礼，多元表达，体会元宵节阖家团圆的美满和甜蜜！

每一个节日之所以可以传承，是因为里面包含了人民的祈愿和对美好生活的向往。在小安童年院子里，我们开展了元宵节活动，幼儿感受到欢乐的节日气氛，还在物质、精神和审美等方面获得综合感受。在每一个传统文化教育的契机下，儿童对所处社会文化背景的需求、对传统文化的探知愿望获得满足，儿童将实现传承文化的愿景。儿童将在感受文化瑰宝的同时，继续弘扬民俗文化，传承非物质文化遗产。

"一起向未来"

范晓秋

　　开学第一课是新学期的开端，安亭幼儿园以"关爱生命，润泽花开"的办园理念为引领，以幼儿生命成长的体验为内涵，满足每个儿童的成长需求，尊重每个幼儿的个性表达，特此开展"一起向未来"生命教育主题活动，开展了"我喜欢的冬奥会""小小运动员"等系列活动，呈现童年院子里新时代的儿童形象、新梦想。

▲ 图1—图3 "一起向未来"主题活动

冬奥美学大讨论

　　冬奥会不仅让我们看到了拼搏进取的奥运精神，也让我们看到了冬奥所蕴含的美学知识。比如：奥运会徽和奖牌的设计有什么特殊含义吗？你喜欢奥运捧花和吉祥物吗？如何理解这一系列满含中国文化元素的中国奥运设计呢？孩子们有很多自己的见解，听一听他们的讨论话题吧！

冬的静谧　149

开幕式篇
话题：你最喜欢冬奥会开幕式的哪一环节？

洪青箬："我喜欢雪花亮起来的时候，因为很闪，好像心里有一朵雪花一样。"
顾冯乐："我觉得第一部分小草非常好看，小草随风飘扬，我觉得心里很安全。"
李一漫："烟花是白色的，冬天还下雪，很美。"
孔冰："我喜欢把奥运圣火插在大雪中间，我就感觉它真的像全世界：大雪花代表一个大世界，小雪花代表各个国家，中间代表地核。"
戴梓彧："我感觉黄河之水非常好，觉得很壮观，中国很大。"
顾筱秦："我觉得黄河之水很漂亮，黄河之水变成了冰块，冰块还变成了奥运五环。"
赵宇晨："小草非常好，小草变成蒲公英，飘啊飘，很美。"
薛依诺："我觉得一只鸽子都不能少的那一段，表演得很好，和平鸽能合成一个爱心代表全世界都和平。"

捧花篇
话题：今年北京冬奥会的捧花和以往有什么不一样吗？

致远："今年冬奥会的捧花更漂亮了，因为有各种各样的颜色，还可以一直保鲜。"
弘弘："以前的奥运捧花是鲜花，我们的冬奥会是用线织出来的。"
菁菁："毛线织的花不会凋谢，鲜花会枯萎的。"
芒果："2020年的花是真的花，2022年的花是毛线花，我觉得毛线花比较好看，因为颜色更好看了，花的品种更多了。"

话题：冬奥会的捧花是怎么来的？

毛豆："捧花是参加过奥运会的人编织的吗？"

栓栓："是老人编的吗？是小孩编的吗？"
唐唐："是四川人编织的吗？"
致远："七种永不凋谢的绒线花是残疾人编织的，还是我们中国的艺术品呢。"
伊伊："这些花都有不一样的精神，如果这个花是不会死的话，获奖的运动员叔叔阿姨都能一直有这些精神。"

话题：对于小朋友来说，你觉得什么东西是永不凋谢的？

致远："我觉得团结是永不凋谢的，团结才能胜利，让我们的国家变得更好。"
唐唐："我希望自己对一件事情坚持的精神是永不凋谢的，就像我以前不会跳绳，我坚持下来了，现在就会跳绳了。"
伊伊："妈妈对我的爱是永不凋谢的，她会在我睡觉害怕的时候陪我。"
悠悠："我觉得学习是永不凋谢的。"
飞飞："小朋友要有爱心，互相关爱才能感受到幸福。"

奖牌篇
话题：你最喜欢奖牌的哪个设计点？

徐媛："我最喜欢奖牌的五环轮廓——五个同心圆。"
陈桓峥："我最喜欢当中的五环标志，代表奥运和团结。"
张誉严："我最喜欢铜牌漂亮的颜色。"
易皓城："喜欢同心圆里面的花纹。"
戚子涵："奖牌连着挂绳的搭扣很好看，像天安门。"
郭凡茜："我喜欢奖牌背面的点点，像星空一样。"

吉祥物篇
话题：什么叫作吉祥物？

颐颐："为了活动受欢迎。"
灏灏："我觉得吉祥物就是奖品。"
小许："吉祥物也是一种人物。"
熠熠："我觉得吉祥物就是代表未来。"
小莫："吉祥物就像奖杯一样。"
小罗："吉祥物就像熊猫一样，是很宝贵的东西。"

话题：为什么要有吉祥物呢？

菲菲："让冬奥会更受欢迎。"
歆歆："可爱的东西，让人喜欢的东西，希望大家能喜欢冬奥会。"
萌萌："让这次奥运会吉祥如意的。"

会徽篇
话题：北京冬奥会会徽，你最喜欢它的哪个设计，为什么？

秋雨："我最喜欢会徽的'冬'字，因为有冷色系和暖色系搭配，很好看。"
心然："我感觉这个会徽的红配黄，有中国的味道。"
天天："我最喜欢那个黄色的圈，因为黄色的圈代表亚洲。"
佑佑："我最喜欢会徽的字，它这个字写得很漂亮。"
瑶瑶："我喜欢会徽上面的颜色，它用了三原色。"

话题：冬奥会为什么要有会徽？

康康："因为它很酷，没有会徽，就会很单调。"

天天："因为它能够让别人知道，这是冬奥会的标志。"

秋雨："没有会徽，人家就不知道这里有冬奥会的比赛了。"

通过查阅资料，观看视频课件和自主讨论等形式，孩子们了解了冬奥文化认知，其国家自豪感和冬季运动的热情也得到了激发。

最扣人心弦的就是2022年北京冬奥会，孩子们运用艺术的力量表达自己对冰雪运动的认识和对运动员的祝福。

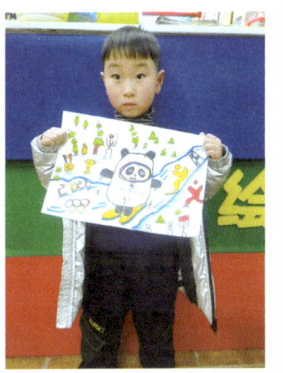

▲ 图4、图5 冬奥祝福

新年带给了我们成长的喜悦，染红了我们快乐的生活，孩子们都长大了一岁，小安们对于成长有什么想表达的呢？开学第一天，孩子们绘画了代表自己成长的徽章，讨论成长的印记。

了解了渗透中国文化元素的中国奥运奖牌设计理念后，孩子们也想为自己亲手制作一枚成长徽章，用童真美好的方式，表达对自我成长的喜悦之情！每一枚小小的成长徽章汇聚了自己的心意，孩子们与同伴交换徽章，是爱与力量的传递，汇聚成更大的能量。

当开学遇到冬奥会，又会碰撞出怎样的火花呢？自然少不了和冰与雪的约会。

▲ 图6、图7　设计制作成长徽章

▲ 图8、图9　交换徽章　汇聚能量

孩子们通过亲子引导单，认识了滑雪、滑冰、花样滑冰、冰球等运动项目，增强对于体育运动的兴致。那么孩子们最喜欢的项目是什么呢？我们一起来跟随镜头看一看，孩子们是怎么说的吧！

唱一唱冬奥会主题歌：在2022年北京冬奥会开幕式上，孩子们演唱的主题歌《雪花》响彻鸟巢，歌声使情感的传递更悠长，而我们的孩子们也用自己纯真的童声唱响了《雪花》，用悠扬的歌声传递热情、拼搏的冬奥精神。

幼儿与冰墩墩手势操亲密互动，激发了对冬奥会的热情，大胆表达与表现自己的情感，健康活泼快乐地迎接"开学第一课"。

▲ 图10 说一说：我最喜欢的冬奥会项目

▲ 图11 做一做：冰墩墩手势操

　　孩子们在教室里进行快乐的冬奥运动小游戏，其中地板冰球、纸上溜冰、桌上冰壶等是孩子们最喜爱的运动小游戏，运用简单的材料体会冬奥会运动的活力与拼搏。

▲ 图 12、图 13 玩一玩：冬奥会小运动

教师随想

　　幼儿在"一起向未来"开学第一课主题活动中了解冬奥会，通过体验式的参与，孩子们在情感上渐渐热爱冰雪、热爱生活、热爱祖国。现在孩子们非常关注冬奥会、支持冬奥会，感受到冬奥会的浓厚氛围，对冰雪运动产生了兴趣。

　　生命在于运动，运动更是幼儿生命的源泉。孩子们亲身体验冬奥会所带来的快乐，对体育运动的兴致提高了，在体验中享受冬季运动乐趣、增强体质、感受奥运精神，锤炼自身品质。特别是在寒冷的冬季运动，让孩子感受冬日锻炼的快乐，体会运动的愉悦感、成就感，孩子们了解到冬季运动能增强体质、提高免疫力、预防感冒等疾病。

　　让爱运动的基因植入每个孩子的生命 DNA 中，让爱运动的好习惯和奥运精神伴随孩子一生。

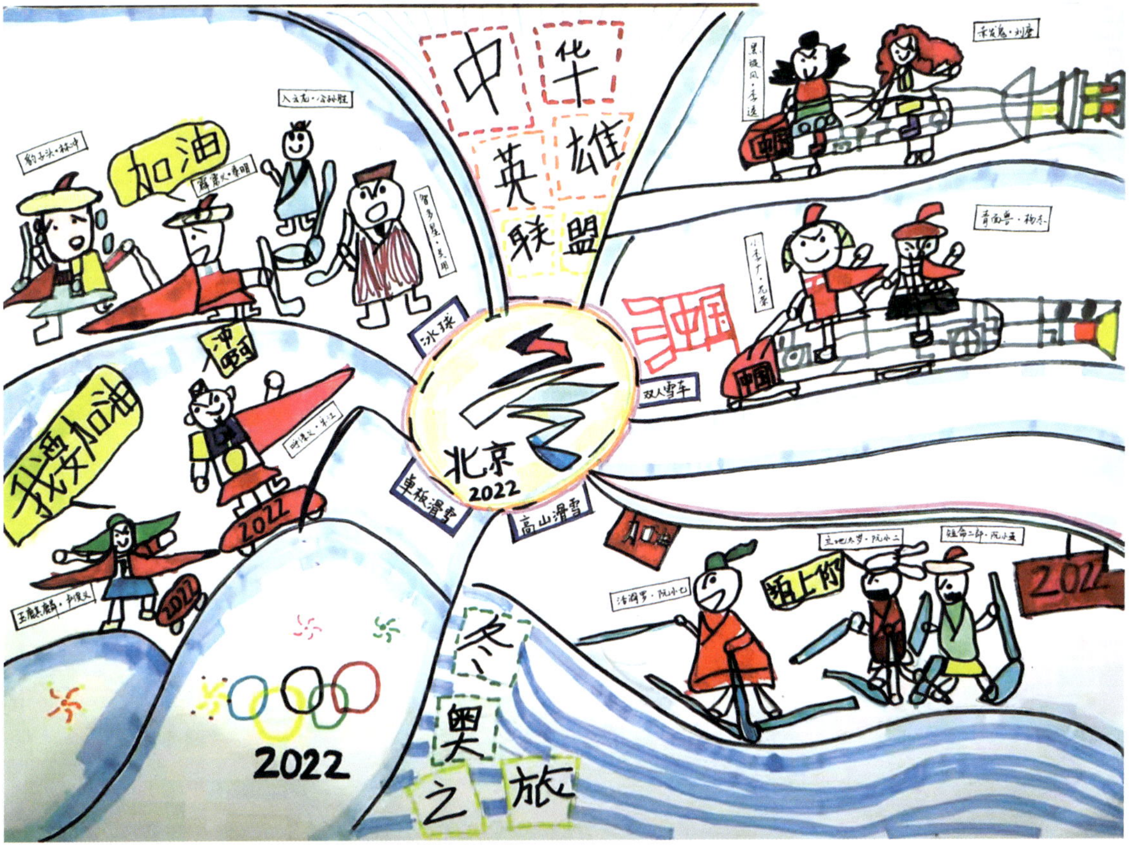
中华
英雄
联盟
加油
冲啊
冰球
双人雪车
北京
2022
单板滑雪
高山滑雪
2022
冬奥之旅

与动物约会

孩子的心灵没有尘埃,与动物更容易灵犀相通,因为动物是孩子们最喜欢的好朋友。

安幼的院子里有各种各样的小动物,有山坡下的蚯蚓,有花园里的小蚂蚁,有大松树下的小鸟,有可爱的兔子和仓鼠……

在这里与动物约会也成为每一个小安必不可少的活动。孩子们会欣喜地发现小动物的秘密,会主动照料动物,对院子里的动物充满了好奇好问之心,充分感受在大自然中与动物约会的快乐。孩子们喜欢与动物亲密玩耍,动物就是最好的伙伴,在这院子里不断延续着与动物有关的趣事……

仓鼠的新家

游莉娜

生命室来了小客人，两只小小的可爱的仓鼠引起孩子们极大兴趣和关注。他们围在仓鼠的身边，叽叽喳喳讨论着，产生了一系列的问题：仓鼠喜欢吃什么？仓鼠有没有牙齿？仓鼠是怎么睡觉的？仓鼠会不会拉大便，仓鼠喜欢运动吗？

在与仓鼠相伴的时光中，孩子们经常会主动地将自己的发现与同伴分享。由此，孩子们最感兴趣的问题产生了：仓鼠喜欢什么样的家？

创想仓鼠的新家

琪琪："小仓鼠好可怜，住在一个小笼子里。"

涵涵："是啊，每天都在笼子里，一定不开心。"

诚诚："我们可以给仓鼠做一个新的家啊，给仓鼠做一个漂亮的家。"

诚诚的提议得到了大家的一致赞同，造家行动开始了。

▲ 图1 仓鼠笼子前的讨论

涵涵："我们给它做一个小楼房吧，它可以跑上跑下玩！"

琪琪："我想给它做一个有小院子的房子，它就可以在院子里散步了。"

诚诚："我想到了，我们可以造小别墅，我奶奶乡下的别墅都是有一个小院子的，仓鼠可以到小院子里玩。"

琪琪："嗯，我们做别墅吧，可以让小仓鼠跑来跑去地玩，它一定会喜欢的。"

琪琪的提议得到了小伙伴的赞同，可是又有一个问题。

诚诚："可是用什么来做呢？"

琪琪："我们可以用纸箱来做啊。"

诚诚："涵涵找纸箱，琪琪和我来画一画，我们一起来做，怎么样？"

孩子们都很赞同，开始分工合作为仓鼠造新的家。

仓鼠新家的设计

诚诚画了一个仓鼠家园的设计图，涵涵拿来一个大箱子，给仓鼠做房子。琪琪也从材料库里找来了一些小草坪，做小仓鼠的小院子。

▲ 图2、图3 纸箱制作新家

草坪放在桌子上，诚诚说："小仓鼠万一从桌子上掉下去怎么办？"诚诚的话提醒了琪琪，于是琪琪又去材料库里找来了很多的冰糕棍做围栏。可是围栏没办法立在草地上。琪琪说："我们用胶布把它粘在草坪上可以吗？"尝试失败，孩子们又开始新尝试。

涵涵："我们用绳子把它绑在上面吧。"

诚诚点点头："也许可以的。"

绳子绑的冰糕棍还是立不起来，又失败了。琪琪去材料库，找到了很多的彩泥，兴奋地说："我们用它来试试吧，上次我看到老师就是用它让小牌子立起来的。"几个孩子开始行动起来，这一次成功了！

▲ 图4、图5 冰糕棍和橡皮泥来做围栏

仓鼠乐园的诞生

小仓鼠的家和小院子在孩子们的共同努力下造好了。涵涵在照料仓鼠的过程中，又提出了一个新的问题：

涵涵："仓鼠每天就是吃饭和睡觉，它会不会超重啊！"

琪琪："是啊，我觉得该让它减肥了。"

小伙伴们开始商量计划：怎么样让仓鼠动起来。

诚诚："滑滑梯最好玩，我们做一个滑梯吧，让小仓鼠跑上去跑下来，肯定很好玩的。"

琪琪："我们幼儿园的长龙也很好玩，给小仓鼠建一个管道长龙，怎么样？"

涵涵："我在 iPad 里看到小仓鼠玩滚动的圆桶，它可以在上面不停地跑，这样就可以减肥了。"

孩子们的想法不断地冒出来，讨论着各种运动的方法。

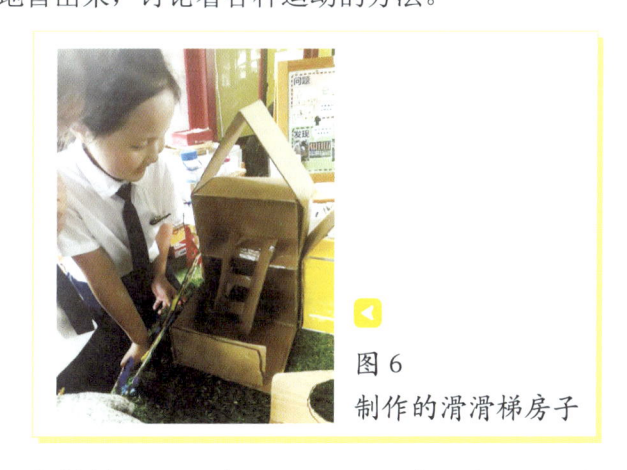

图 6 制作的滑滑梯房子

孩子们在材料库里寻找材料，设计图纸，并尝试着为小仓鼠做出各种游戏运动的玩具，诚诚用各种塑料管道为小仓鼠搭建长龙。

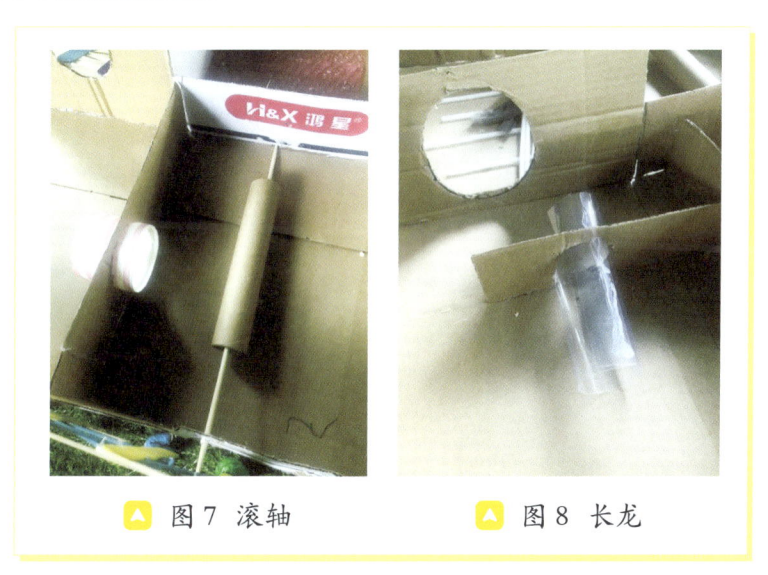

图 7 滚轴

图 8 长龙

与动物约会 163

涵涵找来了圆形的空心桶，设计着 iPad 里看到的滚轴运动。仓鼠乐园制作好了，仓鼠也开心地玩了起来。制作中，孩子们的各种灵感不断地冒出来，小仓鼠的乐园由此越来越丰富了。

图 9 仓鼠乐园进行中

仓鼠乐园里，孩子们和仓鼠的互动更加丰富，兴趣是探索知识的动力，我们要保护和支持孩子的兴趣，让孩子们为自己的想法进行尝试与努力，收获更多的方法与成功的体验。

教师随想

"仓鼠喜欢什么样的家呢？"随着项目的推进，孩子的经验与情感也在不断地丰富，他们很想对同伴和老师讲讲自己的发现，因此他们用各种方式来表达情感，展现成果。

情感小日记《仓鼠日记》：和仓鼠亲密接触过程中的点滴记录，孩子给它起名为《仓鼠日记》。《仓鼠日记》不仅可以记录孩子自己的点滴发现，也可以成为同伴们的参考资料，有效丰富了孩子们的喂养经验，拓展了思维的方式。

新闻发布会《我的鼠小弟》：与语言区域结合，3—6 岁孩子正处在学习使用语言的最佳期，

▲ 图10、图11 仓鼠日记

孩子们每日与小仓鼠接触,对仓鼠产生了深厚的感情,也发生了很多有趣、友爱的故事,孩子们会在语言区域说一说、讲一讲、录一录仓鼠的小故事。

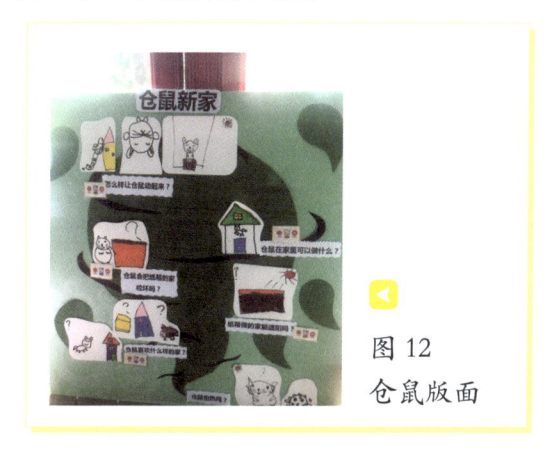

◀ 图12 仓鼠版面

仓鼠游乐场"仓鼠乐园":仓鼠乐园也是孩子们探索的一个成果展示,仓鼠乐园现在成为小仓鼠非常喜欢的地方。孩子们不断地改进和调整仓鼠乐园,让它变得更舒适与现代化。

幼儿在兴趣中扩展经验。案例中的孩子对仓鼠产生了探索的兴趣,想要帮助仓鼠和爱护仓鼠的心,促使他们积极运用自己的生活经验,去发现、研究、探索、实践,从而获得新的经验。基于儿童需求,给予他们更自主的体验方式、更自由的讨论空间。关注个体,观察发现孩子身上的闪光点,可以多方面多角度地挖掘和树立他们的自信心,帮助他们获得成功的体验与自豪感。

特别的羽毛

朱珠

高尔基曾说:"森林往往能引起我内心的平静与愉快的情感,于是我的一切愁闷都会在这种情感中消失,使我忘掉一切不愉快的事情。"

安亭幼儿园的院子就像小森林,自然环境的山水、树木、鸟语花香,都是幼儿活动和感受的乐园,视觉、听觉、触觉的感受能使幼儿发现很多的秘密,感受到更多细节的灵动。在这个院子里,我们的小安们尤其喜欢观察我们生活中的变化,发现我们生活中的小美好,关爱我们身边的小生命。

在院中的小花园里,有一棵"001"编号的大松树,它陪伴着孩子们成长,见证着孩子们的欢乐时光,孩子们都爱高大的松树爷爷!快来看看在大松树下孩子们发现了什么!

羽毛的秘密

自由活动的时候,孩子们喜欢围绕在大松树旁,看到树上掉落的松针和松果,孩子们不禁伸

▲ 图1 发现黑色的羽毛　　▲ 图2 观察黑色的羽毛

出小手摸一摸，把松针和松果收集在自然百宝箱里。有一天，他们在大松树下发现了一根黑色的羽毛，这根羽毛引发了小班孩子的猜想，在不断猜测、寻找、验证的过程中有自己的成长。

关于羽毛的猜测

檬檬："咦，这里怎么有根羽毛。"
可可："是黑色的。"
欣欣："是不是小黑兔的。"
檬檬："我们去看看。"
小马："好像和小兔子不太一样。"
檬檬："我也觉得，这根羽毛特别长。"
小马："这不是小兔子的羽毛，它们的羽毛是不一样的！"

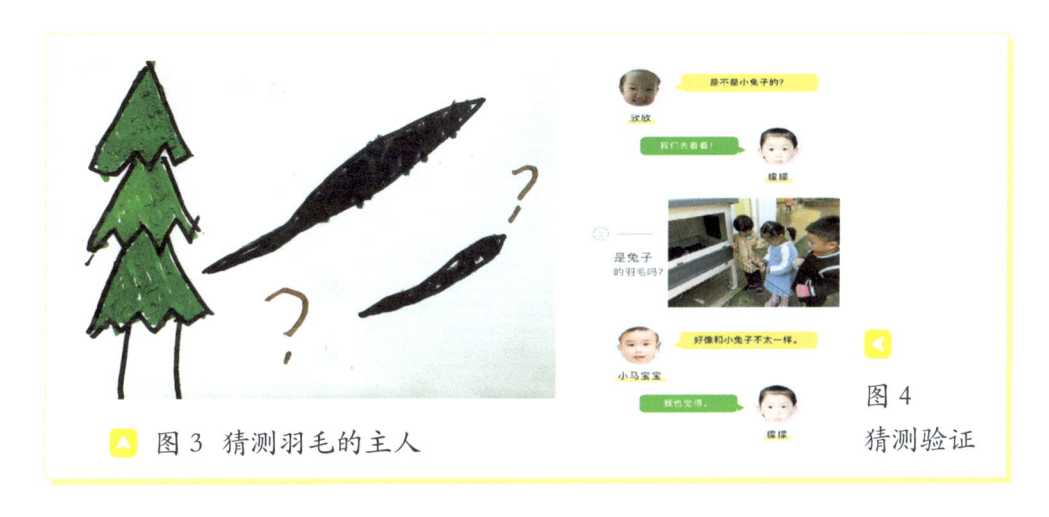

▲ 图3 猜测羽毛的主人

图4 猜测验证

寻找羽毛的主人

在接下来的日子里，孩子们大松树下活动的时候总是忙忙碌碌的，有时候一边打扫，一边还要寻找新的发现，总想找出这根黑色的羽毛到底属于谁。

可可："快看快看，是小鸟的羽毛哎！"
欣欣："和之前的黑羽毛是一样的。"
檬檬："上次掉落的黑羽毛就是树上小鸟的羽毛。"
小马："可能小鸟在大树上休息时掉下来的。"
天天："也有可能雨下太大了，把羽毛打下来了。"
……

终于，他们发现原来在自己没有注意到的时候，大松树上悄悄来了一批新的客人——小鸟一家。当孩子们都安静下来的时候，果然听到了小鸟叽叽喳喳的清脆叫声。

发现鸟窝

发现了鸟窝以后，孩子们开始在自由活动的时候坐下来，抬头看看大树上的鸟窝。

有时会一起数一数有多少个鸟窝，有时观察小鸟的活动状态，有时闭上眼睛听一听小鸟的歌唱声。下雨天，孩子们急急忙忙穿上雨披看看小鸟有没有回家，鸟窝有没有漏水……

▲ 图 5 发现鸟窝　　◀ 图 6 观察鸟窝

进入秋冬季节后，寒风来袭，落叶纷飞，给童年院子带来美好和诗意的同时，也带来了孩子们的小烦恼，比如孩子们在担心小鸟怕不怕冷呀，冬天会不会被冻死呢。由此我们开展了一次儿童讨论会……

檬檬："天气太冷了，小鸟会冻死的。"
小马："小鸟的羽毛和其他动物一样会保暖的。"
可可："小鸟觉得冷了，一到冬天会飞到暖和的地方的！"
天天："可是有的鸟很小啊，怎么飞过去呢？"
欣欣："小鸟也有温暖的家，跟着鸟妈妈就可以！"
花园里，松树下，一群可爱的孩子望着枝头叽叽喳喳的小鸟，继续延续着有趣的故事……

教师随想

在幼儿发现一根"特别的羽毛"时，我惊喜地发现幼儿的自主探索和发现的童心。在与小鸟的故事中努力倾听儿童的声音，根据幼儿的调查，思维碰撞定期组织讨论，通过讲评、儿童讨论会形式共同探讨观察、探究产生的问题，发现儿童思考的角度、商讨的智慧，对幼儿在活动中碰到困难不急于帮助替代，鼓励幼儿亲身体验感受，让每一个儿童保持心有童真。

以一种宁静的心态去关注孩子成长中出现的所有奇迹，守护幼儿童心，尤其是关注儿童内在情感态度。如当发现鸟窝后，孩子们愿意时刻关注小鸟的动态，有初见羽毛的好奇、有对小鸟飞行的憧憬、有对鸟窝的担忧等多种复杂的情感，这些均体现了孩子的关爱、喜悦之情，在探索和发现的过程中我能强烈感受到儿童自身对生命力量的理解。这些通过幼儿自己的努力获得的经验情感，远远比成人给予的经验更深刻、更有价值。

孩子们与小鸟共同在童年院子里成长。他们接触自然、喜欢生命、热爱生活，沉浸在自主发现的乐趣中、持续探索的专注中。他们有乐于发现的眼睛、有源于生活的思考，也有说干就干的行动力，星星点点的积累汇聚在他们的心中，推动着共同的成长。

生命教育就是甘于在日复一日、年复一年的教学中，接纳每一个孩子，走进孩子的内心花园，倾听他们的心声，记录他们在小安院子里每个不可复制的瞬间，让快乐与成长相伴，守护幼儿的童真。

看蚂蚁搬运食物

金立怡

餐后小花园里，孩子们惊喜地发现了地上的小动物："这里有一群蚂蚁！大家快来看啊！"他们捕捉到一群一起移动的蚂蚁，好奇心促使孩子们开始主动探究蚂蚁的秘密。

安琪："你们看，蚂蚁是一群一起移动的，可是它们是什么品种呢？"

小谷："这个要拿放大镜仔细看，蚂蚁有很多很多种。"

说着小谷拿起放大镜凑近看蚂蚁，过一会儿说："这些一定是兵蚁或者工蚁，因为我看书上说它们没有翅膀的，只有雄蚁和雌蚁才有翅膀。"

小雨："一群蚂蚁一起出来了，像在排队，它们这是去干吗呢？"

安安："我猜它们肯定是去找吃的，然后搬回洞穴里储藏起来。"

孩子们有的表示赞同，有的表示疑惑，他们决定一起观察这一群蚂蚁的去向。于是，孩子们拿来了放大镜和蚂蚁观察器，蹲守在院子里观察蚂蚁。

▲ 图1 发现蚂蚁　　▲ 图2 记录自然角发现的蚂蚁

观察了好一阵，以辰辰为首的蚂蚁观察团发出了一阵欢呼："蚂蚁真的去搬食物了！"孩子们惊喜地叫出了声，只见一群蚂蚁紧紧地缩成了一个球状，一颗豆子被举得高高的，随着蚂蚁的前行而移动着。

安琪："蚂蚁可真厉害啊！能搬动比自己身体大的东西！"

小雨："这没什么的，我看过百科全书，上面说蚂蚁可以举起比自己重几百倍的东西。"

辰辰："而且它们很团结啊，一群蚂蚁一起搬的，一只蚂蚁估计搬不动吧。"

孩子们坚持定点观察，获得了对蚂蚁的新经验。回到教室后，他们对发现蚂蚁搬运食物这件事进行了自由讨论，大部分孩子很是新奇，表示知道蚂蚁会搬运食物，但没有亲眼见过蚂蚁搬运食物的全过程，愿意今后去看看蚂蚁搬运食物。他们也提出了疑问：蚂蚁喜欢哪些食物？到底能搬动多重的食物？他们将自己的想法画了出来，张贴在问题墙上。

▲ 图3 对蚂蚁食物的猜测

在连续几日的户外自然探索活动中，孩子们自由成团跟踪观察蚂蚁，有时候能看到蚂蚁搬运食物，有时候发现蚂蚁无食而返。想要解决蚂蚁偏爱哪一类食物和能搬动多重的食物的问题，实验是最好的方法，因此大家决定做个"蚂蚁搬运食物"的小实验。

安琪从生活老师处拿来了早点多余的饼干，放在了院子里。一开始他们把饼干掰碎，蚂蚁来搬运走了；于是孩子们开始投放指甲盖大小的饼干块，发现蚂蚁群的搬运能力也能承受；再投放整块饼干，发现蚂蚁在侦察食物大小后返回洞穴找来了"帮手"，蚂蚁搬运工数量的增多让它们成功搬运了体重较大的整块饼干。

饼干的小实验进行几天后，孩子们觉得食物品种太单一了，于是从家里带来了小面包、糖果等小零食，投放在院子的角落里，继续观察蚂蚁运食。细心的孩子们制作了小表格，把大家投放的食物做了记录，蚂蚁搬走的食物打钩，蚂蚁不感兴趣的食物打叉。

▲ 图4 蚂蚁投食的计划书　　▲ 图5 记录蚂蚁对食物的喜好

第一次实验的食物品种只有饼干，但孩子们对量的投放循序渐进，由少到多，观察到了蚂蚁搬运食物的承受能力。第二次横向比较的实验中，孩子们投放各种不同口味的食物进行实验，除了放大镜、纸和笔等材料，孩子们还从家里特地带了一本动物百科全书。在户外观察的时候，孩子们一边观察蚂蚁，一边查阅百科全书，并时不时地进行对比："书上说蚂蚁喜欢吃甜的，但是我们的面包是咸的，它们也搬走了呢！"对比性的观察，使幼儿的探索更具深度、广度。

教师随想

在安幼一直开展的生命教育活动中，孩子们对小动物有一种天然的亲切感。小蚂蚁是自然中随处可见的一种自然资源，小、中、大班的孩子都有自己的观察方式和观察需求。今天我班孩子根据自己的猜测，观察蚂蚁的行动路径、饮食习惯、生存情况，带着问题去探究蚂蚁，充分体现了大班孩子好奇探究、主动发现大自然的奇妙的特点。

教师基于幼儿的探究需求，利用班本特色小桌讨论会开展对蚂蚁的讨论。大班幼儿正处在幼儿时期发展的最高阶段，又处于小学前准备阶段，他们有自己的想法和主见，活动的自主性、主动性水平较高，孩子们自由交流对蚂蚁的发现，并提出问题，在生生互动和师幼互动中解决了孩子们的疑惑。在活动中，幼儿观察发现、组织表述的能力得到提升，同时幼儿通过交流沟通互相交换信息，获取了更多关于蚂蚁的小知识，在童年院子里认识生命、尊重生命的过程中产生了关爱生命的情感。

蚯蚓大探秘

吴婷

一个闷热的早晨，嘉杰、翔翔、石头三个孩子在班级门前的小园地里，和往常一样拿着铲子、耙子等工具，兴致高昂地准备松土、除草。没过一会儿，就传来了孩子们的欢呼声："大家快来看呀，这是什么啊？"迎着声音我来到他们身后，静静地听着他们对发现的这个小家伙的满满好奇。翔翔兴奋地说："这是蚯蚓，它不咬人，我敢用手拿。"嘉杰着急地说："蚯蚓长的样子可真像蛇，我可不敢动。"越来越多的孩子围了过来。这时，眼尖的石头大叫起来："你们快看！蚯蚓身上有条口子，它受伤了。"大家都朝着石头指的地方望去，只见口子很大，身体几乎断成了两半，耳边立马传来了指责的声音："它会多疼啊，肯定是你们刚才把它挖出来的时候弄疼它啦。""它肯定哭了，它会想妈妈的。"翔翔低下了头，小声说："都是我不好，下次我会小心一点，蚯蚓，对不起。"嘉杰突然站起来说："你们别吵了，我们把蚯蚓放生，送回泥土吧。"几个小家伙小心翼翼地，用一片树叶将蚯蚓包裹起来，把它送回泥土里。

▲ 图1 幼儿发现受伤的蚯蚓　　▲ 图2 幼儿用树叶包裹受伤的蚯蚓

发现受伤的蚯蚓——萌发兴趣

回到教室后，我问孩子们："你们觉得受伤的小蚯蚓回到泥土里会怎么样呢？""它会去找妈妈。""它会在那里养伤，等伤口好了，再出来玩。""小蚯蚓会死吗？"一个弱弱的声音让讨论的气氛宁静了。我安抚着孩子们："先别太担心，我们一起去找找答案再说。"随后我在自然探索区里投放了一本《蚯蚓的日记》，自由活动的时候，不断有孩子来翻看着、讨论着。

第二天，孩子们都带来了答案：

"小蚯蚓不会死，爸爸告诉我它有再生的本领。"

"我们在那本书上也看到了，蚯蚓一定会复活。"

"过几天，我们再去泥土里找找它吧。"

"这次大家可得小心一点挖。"

孩子们心里的一块大石头落了地，脸上挂上了欢喜的笑容。

教师适时介入——持续探索

过了几天，孩子们在小山坡上再次寻找蚯蚓，他们来到花盆边，合作把长条形花盆搬开来，只见一条小蚯蚓正在缓慢移动，这时祁祁伸出手套，拿起夹子，将蚯蚓高高举起，他大喊："快

图 3
幼儿在花盆下
寻找蚯蚓

来看啊！我们找到蚯蚓啦！"此时的强强也顺势举起平板电脑，将这个大发现记录下来，拍完照片后，祁祁提议："我们把蚯蚓放到水里去看看吧。"还没等睿睿和强强有反应，祁祁就已经带着蚯蚓来到小河边，只见他把蚯蚓放到水里，进入水里的蚯蚓开始迅速扭动身体，祁祁又大声说着："你们看！蚯蚓在水里身体变得灵活多啦，而且还会伸缩呢。"这时候睿睿小声说："为什么蚯蚓会有这样的反应？"强强听到了这个疑问，赶紧说："蚯蚓在水里挣扎，它会淹死的。"睿睿紧接说："是啊，你快把蚯蚓弄上来。它会受不了，我们不能伤害它。"

图 4 蚯蚓在水中的反应

教师随想

在我园生命教育课程目标落实的过程中，每个班级都有了自己的小花园，整个实践过程给教师和幼儿都带来了非常大的改变。原先的自然探索区在教师的精心布置下成了美丽教室的一角。但对孩子们而言，那可能只是一个摆设而已，很少有孩子会主动关注自然角的变化。但如今的小花园是教师和孩子共同建构的花园，探索的环境与材料由教师和孩子共同建构，探索形式与探索内容追随幼儿的兴趣，幼儿在探究过程中会不断地萌发新问题，教师在观察与指导的过程中需及时捕捉有价值的内容并进一步跟进。

在探索蚯蚓的过程中，孩子们对断了一截的蚯蚓产生了"好奇"，产生了"蚯蚓能复活吗？"的话题，我没有马上告诉他们答案，而是先安抚他们。随后孩子们自主翻阅图书资料并热烈讨论。这一次的探究引发了幼儿对蚯蚓的兴趣，随后他们对蚯蚓的探索一直延续。他们又产生了新的问题："蚯蚓会游泳吗？""蚯蚓在泥土里是怎样生活的呢？"像蚯蚓、蚂蚁等生活在泥土下的小动物们在地底下的活动是很难让孩子们观察到的，为此我们为了满足幼儿的观察兴趣和需要，提供了蚂蚁工坊、创设了蚯蚓乐园等环境，同时我们为幼儿提供了问题墙版面、人手一本"探究本"以及资料库，版面上展现幼儿预测、推断的过程，促使幼儿带着问题去观察与探究，为幼儿的进一步探索提供支持，让幼儿的科学探究活动具体化、灵动、可触摸。

孩子的童年就在一次次有意思的与生命的邂逅中变得美好而有味道。

兔子钻山洞

徐淼鑫

《3—6岁儿童学习与发展指南》指出,幼儿科学学习的核心是激发探究兴趣,体验探究过程,发展初步的探究能力。兴趣是学习的动力,只有有了兴趣才能激发幼儿积极主动地参与到项目化活动中来。

在生命活动室内,琪琪和悦悦在照料小兔子时不仅萌发了关爱之情,更对小兔子的特别之处产生了浓厚的好奇心。"为什么笼子的洞口比小兔子身体还要小,小兔子还是能钻过去呢?""小兔子能钻多小的洞?"成了他们探索兔子秘密的关键驱动性问题。

洞的大小

琪琪:"小白能钻多小的洞?"

悦悦:"小白身体那么那么软,肯定能钻很小的洞。"

▲ 图1 兔子钻进笼子　▲ 图2 兔子钻出笼子

琪琪:"小白能钻过笼子的小门,肯定能钻过和小门一样大的洞。"

悦悦:"那我们去量一量。"

于是,琪琪和悦悦拿着皮尺去测量笼子的门口,测出的结果为12cm。

▲ 图3 幼儿测量笼子门口长度

琪琪:"看来小白一定能钻过12cm的洞。"

悦悦:"那小白到底能钻过多小的洞呢?"

琪琪想了许久说:"那我们可以给小白造个山洞,看看小白能钻多小的洞。"

……

◀ 图4 幼儿制订计划

与动物约会 179

洞的制作

这个决定得到了孩子们的认同。大家决定做一个山洞,看看兔子能不能钻出山洞。除了山洞设计图,孩子们还制订了材料准备计划书、任务清单,为制作实施的顺利进行打下了基础。

孩子们在制作山洞的时候发现,在 KT 板上挖洞总是一会儿大一会儿小,一会儿正一会儿歪,挖出的洞总是坑坑洼洼的,根本不圆。于是,他们召开儿童议会,请同伴出谋划策。

琪琪说:"坑坑洼洼的洞,小白钻过去会受伤的。"

甜甜说:"对的,对的,不能刮伤我们的小白,山洞要光滑。"

琪琪说:"我们可以拿一个薯片桶压着,沿着薯片桶挖。"

悦悦不同意:"这样大小就不对了,不是 10cm、8cm、6cm、4cm 了。"

琪琪又说:"那可以试试在 KT 板上画一画,画好了再挖。"

甜甜说:"对,就像我们做花瓶一样,画好了再剪。"

圆圆说:"好办法,我们可以请老师帮忙,量好了画好圈,再挖。"

……

▲ 图 5 幼儿合作挖洞

最终,大家在老师的帮助下,挖好了 10cm、8cm、6cm、4cm 的洞洞,完成了兔子山洞的制作。

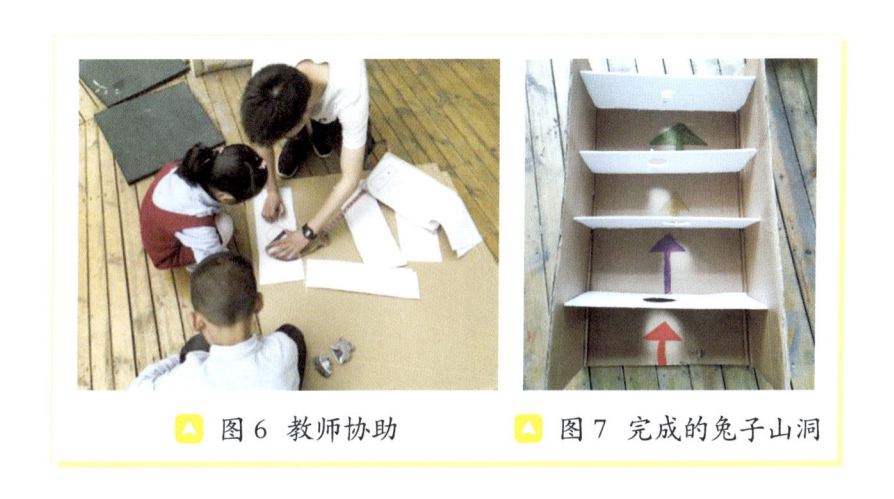

▲ 图6 教师协助　　▲ 图7 完成的兔子山洞

洞的发现

项目组幼儿通过研究和实践，解决了在制作兔子山洞过程中遇到的很多问题。他们用不同的材料制作了山洞，当孩子们制作完成兔子山洞，并让兔子尝试钻了山洞后，很快他们就得出了"兔子能钻过的最小山洞为6cm直径的山洞"这一结论。

◀ 图8 兔子钻山洞

通过每月一次的"小安发布会",项目组的幼儿结合项目实施过程中遇到的关键性问题以及如何解决与其他班级的小朋友一起分享他们的经验和成果。在分享的过程中,孩子们介绍了他们的实验与结论:"小白可以轻松钻过 10 cm 和 8 cm 的洞,而 6 cm 的洞就有点困难了,4 cm 的洞钻不过去!"孩子们得出结论并上网查了资料,发现兔子的骨骼很纤弱,头骨是身体最大的骨头,所以头能钻过去的地方身体也一定能钻过去。

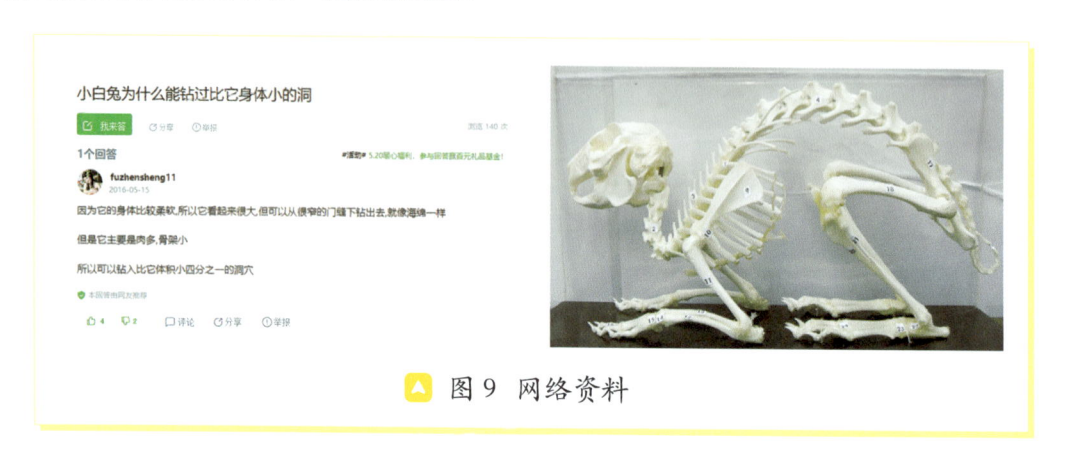

图 9 网络资料

教师随想

大班年龄段幼儿对自己感兴趣的问题喜欢刨根究底,并能动手动脑寻找答案。要引发幼儿的探究兴趣,把项目活动的内容引入科学活动,我认为,首先是材料的选择。在材料的选择上要动脑筋,要以幼儿为本,从生活中进行取材。《3—6 岁儿童学习与发展指南》也指出,"自然的、身边的、熟悉的、生活中的事物是幼儿最感兴趣的,对这些事物的探究最能激发幼儿亲近自然、喜欢探究的热情",所以从幼儿的视角去发现材料(例如小兔子,是幼儿近期最感兴趣的事情),才可以激发儿童的兴趣。

在探究体验的过程中,我们充分利用自然资源,为孩子们营造丰富、多元且充满关爱的环境与情感气氛，幼儿在这样的环境中生活和学习，思维变得敏捷，想象力变得丰富，性格变得活泼开朗，充满自信且富有创造力。童年院子里的幼儿是快乐的，他们乐于参与、乐于表达、乐于交往、乐于观察、乐于体验，幼儿在宽松和谐的环境里快乐探究、在丰富的感受和体验中快乐收获、在畅快的表达表现中快乐成长。因为生命只有在体验和感动中，才能快乐成长，体验中的幼儿是主动积极的，有着自我的参与与内心的独特感悟。当我们把成长的主动权交给幼儿，用心观察、感受、分享幼儿的快乐时，幼儿的快乐情感就已经萌发与培养起来了。

在自然探究中培养幼儿的探究能力是一种有效的途径。大自然中蕴含丰富的科学探究的资源，幼儿在大自然中直接接触有生命的物体，开始了解植物、动物和天气等特征，了解它们的生存环境和生命周期，可以为逐步建立生物概念打下基础。在项目开展的过程中，我们看到孩子们的成长经历，在制作过程中，不断反思调整，坚持不懈、不放弃，并且通过实验来验证自己的想法，为发现兔子能钻多小的山洞感到高兴。相信孩子们在自然探究活动的过程中，探究变得更有计划、更有目的性，不断激发孩子们探究的兴趣，不断提高孩子们探究的能力，从而更关注到生命教育的意义，亲近自然，热爱生命！

寻找小乌龟淘淘

刘明岩

班级自然角里养了一只小乌龟，孩子们十分喜爱。

自从开展了学习活动"犟龟"后，孩子们被犟龟那坚持不懈的精神所感染。

"刘老师，我们也来给班级里的小乌龟起个名字吧！"于是孩子们热烈地讨论起来。

"我们的小乌龟也叫犟龟吧！"

"犟龟不好听，不如叫坚持不懈的小乌龟吧！"

"这个名字太长了，不好！"

"那叫永不放弃的小乌龟吧，跟犟龟一样不放弃！"

"咦？不如就叫淘淘吧！"恒恒开心地说。

"同意，同意，犟龟也叫淘淘，就叫淘淘吧！"瑶瑶、靖靖还有其他孩子们一致拍手赞同。

自由活动、个别化活动时，孩子们只要一有时间，就来和小乌龟淘淘一起玩，还和老师一起

◀ 图1
孩子们在给小乌龟造家

◀ 图2
下雨天孩子们也不忘照料小乌龟

给小乌龟淘淘造了一个又大又宽敞的新家。孩子们把新家的门打开，淘淘就会爬出来，在草地上怡然自得地散步。孩子们坐在草地上，和淘淘一起玩，就连下雨也不忘记来陪伴和观察他们的伙伴小乌龟淘淘。

小乌龟淘淘不见啦

　　早上，个别化学习活动开始了。靖靖和恒恒开心地选择了户外平台的自然探索活动，过了不到5分钟，两个孩子从平台那里急匆匆地跑过来，皱着眉头难过地说："淘淘不见啦！淘淘不见啦！"孩子们听说淘淘不见了，全都停下了手里的事情，在平台上到处寻找，不肯放过一个角落，可就是没找到淘淘。"淘淘可能从这个下水道的洞洞里跑走了。"靖靖皱着眉头说。"嗯，对啊！没有别的通往外面的洞口啦！"恒恒边说边四处张望。

图3
孩子们到处寻找小乌龟

"寻龟启事"想法的产生

　　"那淘淘会不会爬到别的班级去了呢？"瑶瑶歪着头问道。
　　"很有可能，不如我们做个寻龟启事吧！"靖靖认真起来。

"做寻龟启事？能找到小淘淘吗？"成成充满疑惑地看着大家。

"那也要试试看啊！"靖靖坚决地说。

"可是寻龟启事怎么做呢？"恒恒看着靖靖。

"刘老师，我们想做寻龟启事，可是不知道怎么做！你能帮帮我们吗？"两个男孩一起走过来求助。

我在电脑上给孩子们搜索了寻人启事、寻狗启事，并在个别化交流分享时和孩子们一起展开了讨论。

"寻龟启事上要画上小乌龟，还要写清楚什么时候丢的，捡到了要还给大四班。"靖靖很认真地说。

恒恒站起来补充："还要写上电话号码，别人才能和我们联系啊！"

"对对对！这样就能找到小淘淘了。"孩子们很兴奋，心中充满了希望。

开始制作寻龟启事

自由活动时，靖靖和恒恒两个男孩准备了笔和纸，安静地坐到桌子旁边，开始制作寻龟启事。

▲ 图4 靖靖正在做寻龟启事　　▲ 图5 恒恒正在做寻龟启事

"'下午'的'午'怎么写啊？还有电话怎么写？"靖靖问恒恒。

恒恒歪着头做思考状，然后笑眯眯地说："有了，'下午'的'午'不会写，就写个数字5来代替呗！"

"那好吧！那我很伤心就画一颗裂开来的心。哈哈，我知道怎么做寻龟启事啦。"靖靖和恒恒专心致志地制作寻龟启事，吸引了同伴过来围观。

寻龟启事制作后的讨论

"刘老师，我们的寻龟启事做好了，可是就两张不够啊！还有我们该贴到哪里去呢？能和大家一起讨论下，让大家帮忙出出主意吗？"靖靖一手拿着寻龟启事，一边认真地说着。

"好啊，这个讨论由你们两个来组织吧！"两个男孩欣然地彼此相视一笑。

"朋友们，我们做好寻龟启事了，你们觉得怎么样？贴在哪里好呢？"靖靖站在前面，拿着他的寻龟启事给小朋友们看。

"我觉得应该贴到小乌龟丢的地方。"

"不合适啊？别人又不会到我们大四班的平台来看。"睿睿坚决反对。

"贴在大三班门口，他们离我们大四班最近，淘淘可能爬到他们班级去啦。"

"还是贴到我们楼下圆厅的门上去吧，那里经过的人多，大家都看得到。"

"好主意，我这就去。"靖靖迫不及待地要去贴了。

恒恒拉住他说："可是只有这栋房子里的人才能看到啊？其他房子的人看不到。再说了，如果大家没看到怎么办？我们需要多一点的寻龟启事，每个地方都贴。"

"对，我们需要帮忙，谁愿意一起帮我们做寻龟启事呢？"成成、瑶瑶、蓓蓓、睿睿高高地举手。

"好，你们都可以帮忙，自由活动时我们就开始做吧。"靖靖满意地笑了。

大家一起制作寻龟启事

小朋友们自由活动时都行动了起来，一起讨论和互相学习制作寻龟启事的方法，成成、瑶瑶、

与动物约会 187

蓓蓓、睿睿制作得非常认真,他们的参与又吸引了班级里其他小朋友纷纷加入制作寻龟启事的行动之中。

▲ 图6 孩子们制作的寻龟启事

张贴发送寻龟启事

"寻龟启事做好了,发给谁呢?贴到哪里才能找到淘淘呢?"我抛出这样一个问题。

"发给每个班级的老师吧,让老师告诉班级的小朋友,让大家一起帮我们找淘淘。"睿睿眼睛

▲ 图7 孩子们把寻龟启事发送给老师和门卫老公公

里闪烁着光芒，兴奋地说着。

"对，我同意。人多力量大，一定能找到淘淘。"成成自信地回应。

"还可以找门房间的老公公，把我们的寻龟启事贴在门房间。"

"不行，贴在门房间家长看不到。"蓓蓓表示反对。

"那就贴在幼儿园的大门口怎么样？所有的人路过都能看见。"瑶瑶站起来大声地说。

"同意，同意！"大家纷纷赞成，于是我和孩子们一起出发了，就连老师的办公室门上都贴上了孩子们制作的寻龟启事。

▲ 图8 孩子们把寻龟启事贴在幼儿园的大门口和每栋楼的门口

教师随想

这就是发生在童年院子里的一件童年趣事。院子里的每一个角落都留下了孩子们童年的印记，纯真、温暖，富有童趣。

从班级自然角里养了一只小乌龟，到开展了学习活动"犟龟"，到孩子们给班级里的小乌龟起名字，再到后面小乌龟淘淘不见了、寻龟启事想法的产生、开始制作寻龟启事、寻龟启事制作后的讨论、大家一起制作更多的寻龟启事、张贴发送寻龟启事，这一系列小朋友和小乌龟淘淘之间发生的有趣故事，让我们为之感动和欣喜。感动的是孩子们对小乌龟淘淘不放弃的执着，对生命的尊重、热爱与珍视。欣喜的是在寻找小乌龟淘淘的过程中，孩子们展现出来的发现问题、提出问题、解决问题、主动沟通、互相合作的意识和能力。从两个孩子到一群孩子，从教室到整个幼儿园，从自己班级老师到幼儿园的其他老师，孩子们勇敢地迈出了成长的脚步。

基于儿童立场，关键是教师要转变自身的教育理念，首先要关注幼儿的主体性和自主性，把活动还给孩子，把生活还给孩子，让孩子在真实的生活和活动中主动学习与探索。儿童在自主状态下主动建构知识和经验的学习，往往是儿童真正有意义的、有价值的学习。作为教师要对孩子进行观察，让孩子成为课程的主人，了解孩子的发展需要，并给予及时有效的支持。

寻找小乌龟淘淘，展现了孩子们对小乌龟的爱，也呈现出孩子们的收获与成长。教师在这一过程中的作用如何呢？首先为孩子们查找和提供寻龟启事的学习材料，拓展幼儿的思维，成立寻找乌龟的小组，在时间上、探索工具上支持孩子们寻找乌龟的行动等。其次，给予幼儿自主讨论的空间和时间，适时抛问，激发幼儿思考，让孩子们在讨论中协商，寻找解决问题的方法。

给予幼儿支持和鼓励，支持幼儿制作并张贴、发放寻龟启事，让幼儿把自己的想法大胆地进行实践，并付诸实际行动。在这个过程中培养幼儿关爱生命、积极思考，主动解决问题的意识和能力。

生命教育在哪里？怎样开展生命教育？答案就在童年院子里的每时每刻！无须刻意为之，我们要做的是追随孩子，走着走着，花便开了。

是谁吃了我的叶子

汪燕

最近有件事常常困扰着孩子们,原本光滑、平坦的叶子上突然有了大大小小的洞洞。这是怎么回事呢?"到底是谁吃了我们的菜叶?""会不会是虫子?"兴趣驱动着孩子们想要更进一步了解、探索……

▲ 图1 发现叶子有"洞洞"

"是谁吃的呢?""怎么才能知道呢?""我们可以在叶子旁边做个陷阱,这样我们就能知道是谁吃的了。"于是,做陷阱,抓凶手,成了孩子们的热点话题。在这一过程中,他们像一个个侦探家,用行动不断验证着自己的想法。

陷阱"洞洞"——挖个洞洞让虫子们掉进去

围绕"怎样的陷阱才能抓到虫子?"的话题,孩子们展开了激烈的讨论。有的孩子说:"我们可以在叶子旁边挖个陷阱。"有的孩子说:"可以把叶子用塑料包裹起来不让虫子吃到它。"还有的孩子进行了补充:"我们可以在植物旁边的泥土边挖个洞,当小虫子来吃植物的时候,它们可能会掉到陷阱里,爬不出来。"孩子们热烈地商量起对策,其中有很多孩子反对用塑料包裹叶子的想法,这样叶子会因为没有氧气而死去。在大家的商榷下,他们决定做陷阱"洞洞"。

▲ 图 2 制造陷阱

行动就这样开始了。他们在植物边挖了一个大洞。孩子们非常期待结果,他们时不时地跑去观察、猜测。可这样的想法,突然被第二天的结果打得破碎,他们发现洞洞里没有小虫子。

针对"陷阱"的失败,孩子们纷纷分析起了原因。

幼儿1:虫子可能掉进去又爬出来了,如果在洞洞里放点水,可能就抓到了。

幼儿2:这个洞挖得还不够深,如果再挖得深一点就好了。

幼儿4:虫子走的是另外一条路,我们挖的陷阱还不够多,如果多挖点洞洞可能会更好。

于是孩子们又一次进行了探索……结果发现,还是不管用。

陷阱"贴纸"——用黏黏的胶粘住虫子

探索遇到了瓶颈,怎么办呢?通过儿童议会,他们想要去网上查一查资料、回家问问爸爸妈妈以及求助老师。通过一系列的调查,孩子们发现:虫子喜欢鲜艳的颜色,红色和黄色最能吸引昆虫。且从工程师爸爸那儿了解到一种叫"强力贴"的捉害虫的方法。于是,他们决定做陷阱"贴纸",在黄色纸板上贴"双面胶"。制作完成后,他们就放在了植物的旁边。第二天一早,孩子们发现黄色的捕虫贴太残忍了。连小蚂蚁也粘在了上面，伤害到了无辜的小虫子。他们觉得很内疚、很伤心。于是，他们立马就放弃了这种方法，又开始寻找起新的办法。

▲ 图3 陷阱贴纸　　▲ 图4 陷阱贴纸上有蚂蚁

陷阱盖——手动"开关"将虫子困在里面

"能不能做一个不干扰虫子，又可以抓住虫子的陷阱呢？"孩子们突然灵机一动，有了制作陷阱盖的想法：他们准备了透明盒、木棍和绳子。将木棍插在泥土里、用绳子联结，透明盒架在木棍上，当虫子爬进来时，将木棍抽掉，随即虫子就被困在了"盖子"里。

实验后，他们发现：虫子没有来，需要一直守着，费时费力。

▲ 图5 陷阱盖　　▲ 图6 发现记录表

于是孩子们的头脑风暴开始了：

幼儿1：有些虫子可能喜欢晚上行动，白天不行动。

幼儿2：时间太短了，虫子可能在睡觉。

于是，孩子们想，能不能做一个房子或者陷阱，只要虫子一进来，就不能出去呢？

"陷阱"房——造一间走不出去的房子

经过调查、上网查询以及询问工程师爸爸，孩子们在儿童议会中决定制作像"蟑螂屋"那样的陷阱，他们发现：当蟑螂走进蟑螂屋时，蟑螂就走不出去了。这样就能起到"只进不出"的效果。细致观察后，他们发现原来把进口做得大一些，出口做得小一些，这样"昆虫"就很难再爬出去了。于是，针对地上爬的小虫子和天上飞的虫子，他们分别制作了"陷阱房"。经过试验发现真的有小虫子飞进来了，有小虫子爬进来了。虽然他们还是没搞明白到底是谁吃了叶子，但是孩子们乐在其中，收获满满。

▲ 图7 "陷阱房"　　▲ 图8 发现虫子"陷阱房"里有虫子

教师随想

生活是教育的源泉，生活就是教育。在安幼的童年院子里，孩子们每天都能身处自然的环境中，与小鸟为伴，与虫子为友，院子里的一切都是孩子们快乐的源泉，也是孩子们学习的素材。"叶子到底被谁吃了？"引发了孩子们的好奇和思考，以至于他们每天乐此不疲地、想方设法地找出"真凶"。他们尝试着各种可行的办法。

在尝试、试错的过程中，孩子们自然会主动抛出很多问题："怎么才能保护叶子？""怎样才能不伤害虫子？""能不能做一个不干扰虫子活动，又可以抓住虫子的陷阱呢？"这些问题促使幼儿进行深入的学习。渴望找出真相的同时，也深深地感受到了孩子们对于生命的理解：每个生命都应被好好对待，小虫子也有生命，我们也应该保护它。

在生命教育背景下，在安幼的童年院子里，每天都在发生着诸如此类的小事件。孩子们愿提问、乐表达、善反思，他们用自己的行动、稚嫩的语言表达着"爱生活"的强烈愿望。

童年是美好的，铭记那份美好，为未来蓄力！

和同伴玩耍

　　童年就像一块软糖,久久的甜蜜始终深藏在孩子们的心里。在安幼这个童年院子里,孩子们每天都与亲爱的伙伴、亲爱的老师在一起分享快乐、一起分担忧伤、一起解决困难、一起实现梦想。那份温暖与幸福,始终抚慰着小安的心灵。每一天经历着幸福,不用担心未来,不用忧伤过去。在孩子们的双眼里,我们找到了童年的梦,即使时间渐渐消逝,可是那份憧憬与希望,依旧没有改变。

山坡上的泡泡秀

王庆梅

泡泡秀的起源——一次快乐的体验

不知道从什么时候开始,孩子们洗手时,喜欢在揉搓了满手的泡泡后,随手摆个造型,就吹出各种大大小小的泡泡,一个孩子在吹,别的孩子也跟着模仿,一时间在卫生间里吹泡泡变得非常流行。泡泡落在镜面上、地板上、台盆上,有时还会落在小朋友的脸上。孩子们开心的同时,告状也随之而来。

童童:"老师,他把泡泡吹在我脸上。"

昕昕:"老师,他把泡泡吹在地板上,让我打滑摔跤。"

晨晨:"老师,他们把泡泡吹在镜子上,镜子上都在流水。"

看着孩子们享受着吹泡泡时的快乐和吹泡泡时的无限创意,这让我不舍得打扰,然而在卫生间里吹泡泡又造成了这么多的困扰。于是我把这个两难问题抛给了孩子:泡泡在哪里吹比较好?

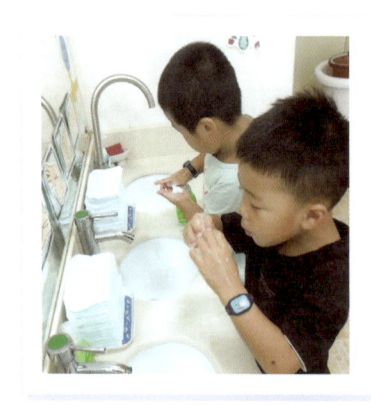

图1 在卫生间专注吹泡泡的孩子

泡泡秀的策划——一场儿童议会

鉴于孩子们喜欢吹泡泡，但在卫生间吹泡泡给集体生活带来很多困扰，于是我们开展了一次泡泡秀的策划会。策划会围绕"泡泡在哪里吹比较好？"这个问题来展开。

立立："泡泡不能在卫生间里吹，上次他们吹到我的眼睛里不舒服。"

瀚瀚："我也觉得不能在卫生间里吹，吹到地上的泡泡容易让小朋友打滑摔跤，上次我就摔了一跤。"

肉肉："可以到外面去吹，操场上也可以。"

童童："我觉得，到山坡上去吹更有意思，我想看看泡泡能不能飞过我们的山坡，还是会撞到山坡上。"

业业："山坡上有树，会挡住泡泡飞过去。"

童童："说不定山坡上的风一吹，泡泡就飞过去了。"

孩子们对于到底在山坡上还是在操场上吹这个问题争论不休，最后商量还是投票表决吧：赞成在山坡上的21票，赞成在操场上的9票。泡泡秀就定在幼儿园的山坡上，时间定在周五上午，每个人从家里制作一样吹泡泡的神器：可以是吹出大泡泡的，也可以是吹出很多泡泡的，也可以是孩子们觉得很独特的吹泡泡的工具。

一场绝美的体验——山坡上的泡泡秀

终于在一切准备就绪后，孩子们带着自己准备的泡泡水，和自己精心挑选的工具，来到了山坡上、荡桥边、小溪旁开始了吹泡泡游戏。那一天，安亭幼儿园山坡上沉浸在泡泡的世界，大大小小、成串成片，泡泡在阳光的照射下显得五彩斑斓，孩子们看泡泡飞过山坡、飞过小河流、撞在了树上、落在了池塘里。整个山坡都是孩子们在任意吹泡泡，整个山坡也欢声笑语、惊叹赞美。为了满足孩子们用手吹泡泡的愿望，我特意组织全班小朋友放下吹泡泡的工具，只用自己的手来吹泡泡。孩子们用沾满洗手液的手变出各种洞洞造型，吹出了大大小小不同的泡泡。同伴之间还互相传授吹泡泡的秘诀呢。

图2 吹出了大泡泡

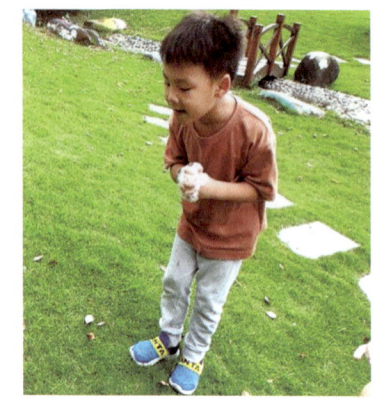

图3 没有飞过山坡的泡泡

图4 给同伴传授吹泡泡秘诀

教师随想

安亭幼儿园开展生命教育以来，我们一直在打破传统，无论是环境创设还是课程的实施，都在尽可能地把幼儿园打造成孩子们可以体验、成长的童年院子。让孩子们在童年院子里经历真实的问题情境，经历自主解决问题的快乐。在这个过程中，孩子们每天会有很多超出教师预期的探索行为，例如上文中提到的孩子在卫生间吹泡泡、把洗手液倒进洗手池制作满池子的泡泡。孩子们这些自发的且又乐此不疲的探索行为，说明他们内心对泡泡有好奇心——这也是我们一直追求的学习内驱力。虽然吹泡泡在室内不方便，但是孩子们在面对困难时不会束手无策，他们会想办法解决，从教室的卫生间转到教室外的山坡上，吹泡泡的愿望就得到满足了。童年院子里的山坡，成就了孩子们喜欢玩、玩得快乐、玩得有创意的愿望。

护眼行动

李佳燕

自从学校的视力检查结果出来之后,班级里有三分之一的孩子有视力下降的趋势,于是保护眼睛成了孩子之间比较热门的话题。

儿童议会的开展——倾听幼儿想法,共建驱动性问题

诺诺说:"我们每天都会坐在电视机的前面,可能一不小心靠得近了就会伤害到我们的眼睛。"
佞佞说:"电视机有辐射,我们不能离电视机太近。"
在一旁的熙熙好奇地问佞佞:"那像我们现在这个位置,会不会让我们的眼睛近视呢?"
于是在孩子们的讨论中形成了一个孩子之间共同的问题:"保持多远距离我们可以不近视?"

护眼装置的设计——实践中初步构建批判性思维

到底多远距离可以让我们不近视呢?于是我们一起在网络上查阅资料,资料显示,距离是没

图1
师幼一起在网络上查阅资料

有绝对性的，需要根据电视机的大小来决定。孩子们开始拿起了软尺进行测量。

俊俊拿来了卷尺，小谷协助他一起测量电视机的长和宽，根据网上的推算公式，最后得知，最佳护眼距离需要保持1.2米。俊俊和小谷说，我们要制作一个护眼装置，防止眼睛近视。

俊俊和小谷开始在材料盒里寻找合适的材料。俊俊拿了一个纸质小盘子，边拿边说："这个可以派上用处，我们可以在上面画眼睛，提醒小朋友们一定要注意保护眼睛。"于是俊俊选了一支红色的画笔，在纸盘子上画了两只眼睛。

图 2 俊俊和小谷一起测量电视机

图 3 俊俊在给护眼装置进行装饰

小谷看见俊俊画眼睛，在一旁说："你这个眼睛好像有点单调呢，有什么东西可以醒目一些，让别人能够注意到呢？"

"贴在这个眼睛的旁边好不好？"俊俊提出了一个建议。

图 4 贴上好看的贴片就能更醒目了

图 5 把护眼装置贴在电视旁

小谷说:"我们要不把它变成一个机器人吧,提醒小朋友保护眼睛的机器人。"

佮佮点头表示同意。那既然是机器人,就要有机器人的身体,于是小谷去材料库里拿了一个长长的纸筒来做身体。

"可是这个身体有点白,不是很醒目。"小谷说。佮佮在材料柜里翻找,看见了亮片,就对小谷说:"我们把这些亮片贴在上面,漂亮的东西总会吸引别人的注意的。"小谷同意了。于是小谷把亮片一片片地贴了上去。

贴好亮片的纸筒和画有眼睛的纸盘相连接,变成了一个护眼机器人,那怎么粘贴在电视机上呢?小谷拿来了透明胶,向我请求帮助,他们想要卷起来的透明胶,但是不知道怎么让透明胶卷起来。小谷说,他上次看见老师是剪好一段,然后将两头对折,但是他们一直没办法成功,可能是他们的手太小了。于是我示范了一下卷透明胶的方法,小谷也跟着我的模样,剪下一小段,然后折了过来。孩子们将卷起来的透明胶放在电视机上,这样护眼机器和电视机就牢牢地粘在了一起。

护眼装置的应用——在建立联系中寻求并实践解决的方法

电视机旁有了护眼装置,的确有了一些警示标志,但是我发现孩子们还是不由自主地靠近电视,那怎么办呢?于是我们召开了儿童议会,在议会中小谷提出,是否有一个自动的警报装置,只要一靠近,这个装置就会发出声音,可以提醒小朋友不能太靠近。

于是佮佮和小谷开始研究编程模块,最后选择了距离传感器,在iPad上设计好编程,输入距

图6
佮佮在 iPad 上
进行调试

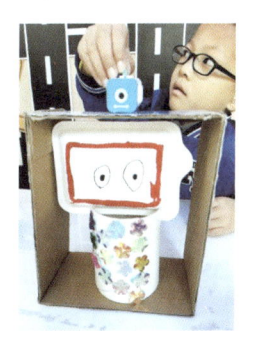

图7
护眼装置正式
可以启动了

离数字，传感器就可以工作了。

教师随想

幼儿生来就有像科学家那样的探究意识，他们试图像科学家一样对周围世界提出自己的疑问，探索、建立自己的理论来认识周围的世界。整个制作护眼感应器的过程，是幼儿共同构建"设计、体验、探索、研究"的一个完整过程。从"制作一个护眼警示标志，到编程系统的融入"的过程中，孩子们共同制订计划，寻找适宜的材料制作，结合自己的经验探寻让护眼感应器感应发声的方法。在这个转变的过程中，孩子们又通过信息调查等方法，尝试观察、测量、比较等不同方法感受不同材料的效果差异，尝试解决问题，初步获得了数能力、工程能力和解决问题的能力。

幼儿积极开动脑筋，善于发现问题，能够利用多方资源查找资料，寻找解决问题的方案。在前期制作警示的过程中，孩子们不断尝试透明胶、双面胶的黏性，最后使用硅胶枪进行固定，这是在试错过程中不断总结经验。同时，孩子们在探索过程中乐于与同伴分享自己的观点，并且能大胆表达自己的猜想，专注投入。

生活不会倒带，童年只有一次，陪着孩子们做一些感兴趣的事情，可以让他们获得幸福童年，健康成长。

森林酒店乐陶陶

顾丽艳

幼儿园的花园里有这么一个"院子",里面花团锦簇,各种不知名的小花竞相开放,各种动物造型的装饰物也惟妙惟肖,柿子树、杨梅树、香樟树和栾树个个挺立。这里有一幢特别的小木屋,自由活动时孩子们都喜欢来这里做游戏。

我们的思考:既然孩子们都喜欢在这里玩,他们是否愿意把他们最喜欢的游戏搬到这里呢?

询问了他们的意愿后,孩子们欢呼雀跃地同意将他们最喜欢的角色游戏搬到花园里玩。简单收拾了一些必要玩具,推上了两辆装满游戏材料的小推车,孩子们的花园游戏就开始了……

孩子们最喜欢的就是这里的小木屋,他们扮演着自己喜欢的角色,木屋里不断传出阵阵欢声笑语。

孩子们给小木屋起了一个好听的名字——森林酒店。森林酒店里可热闹啦!小宇是酒店的消防员,汉堡是酒店的大厨,嘉旺是酒店的服务员,诚诚是酒店的出租车司机。小宇消防员穿着消防员的工作服,一直在酒店附近巡逻,排除安全隐患,守卫酒店的安全。汉堡大厨今天利用了地上掉落的小柿子和杨梅以及香樟树和栾树的落叶,为客人做了好多"新菜式",获得了顾客的一致好评,餐厅里的客人络绎不绝。出租车司机忙着接送酒店的乘客,发现客人太多,来不及接送的时候还另外利用小圈招募了两名出租车司机。嘉旺服务员就更忙啦,做了很多工作:客人饿了,他提供送餐服务;等客人吃完了,他又收拾好;客人冷了,他提供送被子服务;等客人起床了,他又把被子都整理好;客人想出去旅游,他又帮客人叫来了出租车。突然,嘉旺服务员发现酒店里着火了,急忙打电话给消防员来灭火:"喂,119吗?我们的森林酒店着火了,赶快来灭火!"打完电话,他还带着酒店里的客人撤离到附近的安全点……

突然他走到我身边,问:"顾老师,有没有小毛巾?"

我非常疑惑，问："要毛巾做什么？"

他说："我要做抹布，客人坐过的垫子太脏了，下一位客人来就不能坐了，要擦一擦。"

我为他的想法感到欣慰，说："可以去材料库里找找看。"

嘉旺说："我找过了，可是那些布太大了，当不了抹布。"

"材料库里还有很多箱子，每一个都找过了吗？"我提示道。

"没有。"说完，嘉旺又急忙冲向了那些没找过的箱子。但是找了半天后还是没有找到，他又找到我求助："我们教室洗手间里有小毛巾的，我可以去拿吗？"

我为难道："你的想法很好，可是现在顾老师只有一个人，不能陪你去拿，让你一个人去的话，我又有点儿担心你的安全，毕竟从这里到教室还是有点儿远的。"我指了指前方的纸巾提示道："能不能找一个和毛巾类似的东西当抹布？"顺着我指的方向，他看到了纸巾，问："用纸巾可以吗？"我反问道："纸巾可以帮助你擦灰尘吗？"他看了看我，说："可以的。"说完他迫不及待地去拿纸巾搞卫生了。在我的提示下，才小班年龄的嘉旺已经出现了初步替代的行为，为他点赞！

▲ 图1 小宇消防员正开着消防车巡逻

▲ 图2 汉堡大厨正在做菜

▲ 图3 嘉旺服务员正在酒店搞卫生

教师随想

《3—6岁儿童学习与发展指南》指出，幼儿要亲近自然、喜欢探究。游戏的场地搬至花园后，孩子们在院子里亲近阳光和空气，动用全身感官参与游戏，既满足了他们爱玩好动的天性，又增加了他们与大自然的亲近感，同时有利于增强他们身体的抵抗力。孩子们的活动场地变大了，游戏的材料也从原来室内的一些形象类玩具变成了各种自然物，大大促进了他们的思维想象和创造力发展。

在花园游戏中，孩子们游戏的主题、角色、情节、材料、规则均与他们的社会生活经验有关。在游戏过程中，孩子们通过互动，能习得同伴的游戏经验，从而转变为自己的生活经验。例如小宇的爸爸是消防员，小宇在这方面的经验比较丰富。在他与嘉旺互动时，无形中引导嘉旺完成灭火以及安全撤离的情节，拓展了嘉旺关于消防员的游戏经验。

嘉旺在有趣的花园游戏中非常投入，教师也给予他足够的空间和时间，创设了宽松的环境，提供了丰富的材料，鼓励和支持他进行游戏，使他获得了更多的选择权与自主权，真正成了游戏的主人。《幼儿园教育指导纲要》第三部分第十条指出，幼儿教师在教育过程中的角色绝不仅仅是知识的传递者，而"应成为幼儿学习活动的支持者、合作者、引导者"。这就要求我们充分给予幼儿空间，满足他们表达的需求，师生共同快乐游戏。

孩子们的童年是在每一次的亲历体验中感受到成长的快乐的！

名画模仿秀

赵菁 梁倩

中班幼儿爱模仿、喜欢角色扮演。疫情居家期间，在各类互动中我们经常能看到孩子们的"cosplay"（角色扮演），在家也喜欢玩角色游戏，而且非常乐于展示家里的角色活动、好看的衣服等，这是一种行为艺术的体现。艺术是幼儿感性地把握世界的一种方式，是表达对世界的认识的另一种"语言"。基于幼儿兴趣开展艺术类活动，既满足了幼儿艺术创想的需求，也丰富了幼儿的居家生活。

为了满足幼儿的扮演乐趣，促进亲子之间的合作关系，我们尝试以"名画模仿秀"为契机，开展体验式的居家艺术活动，让家长共同参与，提升家长的育儿指导力。

我的"cosplay"

无论是男孩还是女孩，大家都觉得装扮是一件很有趣的、很好玩的事儿，而且每个孩子都有自己的装扮经历……

秋璇："我扮演过有魔法的艾莎公主。我和艾莎公主一样，也有一个妹妹。"

千寻："我也扮演过艾莎公主，穿上了蓝色的裙子，还梳了同款发型。"

萱萱："我也演过艾莎。我觉得自己很美，很开心。"

艺航："我扮演过孙悟空。我喜欢孙悟空。"

一鸣："我扮演过超人，披上红色的披风，像超人一样飞翔。"

子宸："我演过奥特曼，戴上面具和剑，很酷。"

模仿秀计划书

这次，我们要一起来 cosplay 名画里的主人公啦！如何形象地扮演？我们需要注意什么？准备哪些材料？通过仔细观察和认真讨论名画里的人物特征、服装打扮、表情动作、场景道具等，孩子们绘出了一份份生动有趣的计划书。

▲ 图1 "名画模仿秀"计划书

找名画：自主查阅以人物为主题的世界名画，比如《蒙娜丽莎》《戴珍珠耳环的少女》……
细观察：仔细观察名画中的人物，比如衣着、首饰、动作、场景等。
来模仿：观察后，让我们搜集家里的物品，摆好姿势，注意表情。
趣拍摄：家长配合孩子进行拍摄。最后将名画与模仿画拼在一起，就完成啦！

云上名画模仿秀

有了计划，和爸爸妈妈一起寻找家中合适的材料，共同创设逼真的场景，搭配相近的服饰，加上到位的动作表情，孩子们的名画模仿秀达到了"以假乱真"的境界，有趣极了。

▲ 图 2 孩子们扮演的"名画模仿秀"

六一儿童节当天，我们还通过线上游戏"名画模仿猜猜猜"的形式，一同欣赏、回顾、评价孩子们的模仿秀成果。孩子们看着同伴的作品，发出"咯咯"的笑声，并热火朝天地猜了起来。

活动结束后，孩子们也大胆表达了自己扮演过程中的心情和感受：

一鸣："我喜欢扮演，扮演让我很开心、很快乐。"

浩博："我喜欢模仿，模仿让我们有更多时间去观察和模仿。"

沫沫："在扮演的过程中，我能脑洞大开。"

果果："我扮演了亚麻色头发的少女，她的头发卷卷的，和我一样，而且她和我一样都喜欢穿蓝色公主裙。"

子玙："我像戴红围巾的女孩一样，轻轻地闭上双眼，感觉很舒服。"

千寻："当我举起手杖的时候，我感到特别向往自由。"

悠悠："我觉得很有趣，当我长大了我也想去学吹笛子。"

教师随想

艺术是人类感受美、表现美和创造美的重要形式，也是表达自己对周围世界的认识和情绪态度的独特方式。"名画模仿秀"活动看似高深，实际上却充满了童真童趣，不是简单的欣赏，也不是照着画，而是真枪实弹地"cosplay"。

对于幼儿来说，认识和感受其他事物都是从模仿开始的。模仿他人的神情、外观衣着、肢体动作……在进行名画模仿秀的过程中，他们会仔细地观察、对比、模仿名画人物对象，通过思考和自己的加工创造之后，再把模仿体现在表情和肢体语言上。在模仿中敢于表现自己情绪、表达自己感受，进行个性化的创作。虽然不能成为专业画家，但是可以从这种模仿中加深对名画的认知，这是幼儿成长的重要经历。

活动中除了对名画的模仿，还有幼儿对名画的理解，对名画的二次加工和创作。幼儿在家长的帮助下，根据自己的兴趣，选择自己要模仿的名画作品，并展开了一系列问题讨论：名画里的人物是谁？为什么穿成这样？是哪个国家的人？他在干什么？为什么表情是这样的？谁画的？通过与家长一起猜测、查阅资料、探寻经典，幼儿在寻找与阅读的过程中了解作品背后的故事，尝试去理解名画作者的创作心境与表达意图；并且在还原作品的基础上，做计划书，从自己的视角出发，大胆进行二次创作，彰显自己的个性与释放自己的天赋。

"名画模仿秀"活动让居家艺术活动变得有趣起来，每一幅作品都是一个故事，孩子们的作品既有原作的精髓，又有自己脑洞大开的创新。整个名画模仿的过程，既能够增进亲子间、亲子与名画之间的艺术互动，又能促进幼儿的艺术创想，学到名画知识，在不知不觉中感受其中的美感和乐趣，体会艺术的魅力。

名画模仿秀，"我"与大师零距离。孩子们以自己接地气的方式个性表达，进行了艺术创想。

窗边的鸟窝

沈雪佳

五月，柳丝已是悠长悠长，在暖风里摇摇晃晃。但由于疫情防控的需要，孩子们依旧只能居家，在家中透过窗户与外面的世界形成连接。但十八在窗台上拍到的一张照片激发了孩子们极大的兴趣，开始了对小鸟的探究之旅……

一张照片引关注

这几天，一张照片的分享在群里"炸了锅"，原来是十八前几天在阳台上玩耍时发现自家窗台边竟有小鸟在用树枝搭鸟窝。惊喜的十八赶紧请妈妈拍下了这一有趣的照片，并分享在群中。孩子们纷纷对这一"简陋"的鸟窝产生了好奇。

可可："为什么这个鸟窝不在树上，而是在十八家的窗台边呢？"

香菇："这是什么鸟搭的窝呀？它还会飞回来吗？"

周默："鸟窝是怎么搭的啊？只需要树枝就可以吗？"

十八回答道："我也不知道为什么在我家窗台上搭鸟窝，不过我以后每天都会去观察，我会再和大家分享的。"

孩子们对这一鸟窝充满了好奇，也期待着能够见到小鸟的真容。于是孩子们一起做了约定，请十八继续观察窗台上的鸟窝，并及时分享在群中。

小班幼儿喜欢接触大自然，对周围很多事物和现象感兴趣。特别是在宅家期间，孩子们对外面的世界更加充满好奇，因此窗台上的鸟窝能够引发幼儿强烈的兴趣，有进一步探究的欲望。但小班幼儿对鸟类的认识不足，经验比较零散。因此，我们还需要进一步倾听幼儿的想法，通过启发式的讨论、交流与经验分享，为幼儿进一步观察鸟窝提供支持，对感兴趣的问题能够使用多种方式寻找答案，增进幼儿对鸟类的感情。

一段视频牵人心

过了几天，十八将这几天拍到的视频分享在群中。为了追随孩子们的兴趣，我们开展了一次线上互动会，一起来揭秘。在视频中我们看到：原来这是一只小小的灰灰的鸟，而且每次回来嘴里都会衔几根树枝，将这些树枝围成一个圈。

十八分享道："看到鸟妈妈这么辛苦，我就请妈妈找了一个舒服的篮子，放在这个鸟窝上，没想到鸟妈妈竟然真的用了这个鸟窝，希望鸟妈妈可以住得开心。"

香菇为十八竖起了大拇指："十八你真棒！你为鸟妈妈找的鸟窝看起来就很舒服，它们一定会住得开心的。"

▲ 图1 窗边的鸟窝　　▲ 图2 十八为斑鸠准备的家

视频后面的内容更是牵动了孩子们的心，视频中鸟妈妈在十八为它准备的鸟窝中真的孵出了小鸟，小鸟还探出了头，仿佛在和孩子们打招呼。孩子们看到后都惊喜地叫出了声，感受到了一个小生命的孕育过程。

我们也邀请了十八妈妈为我们揭秘："原来这是珠颈斑鸠，是最亲近人类的鸟，所以愿意将鸟巢建造在人类的窗台上，是非常温顺的鸟类。小鸟从孵化出壳开始，一个月左右就能飞行了。"

和同伴玩耍　213

有了十八分享鸟窝的故事后，班级里引发了寻找鸟窝的大热潮。有的孩子拿起了望远镜通过窗户寻找树上有没有鸟窝，有的孩子则从绘本里寻找关于鸟窝的信息，有的也期待着自家的窗边也会有小鸟们与他们来一次亲密接触。尽管是在居家，但孩子们的探索欲却丝毫没有减退，对小鸟的认识也越来越深入。

▲ 图3 鸟宝宝的诞生

▲ 图4 鸟宝宝和鸟妈妈

▲ 图5 孩子画的鸟窝

▲ 图6 在群中热烈讨论

教师随想

十八偶然发现的鸟窝开启了幼儿对小鸟的探索之旅,从发现小鸟在窗边出现,到观察小鸟日常生活,以及鸟蛋的出现给孩子们带来惊喜,鸟宝宝的出生更引发了孩子们对生命的感叹。孩子们的情感在持续升华,逐渐意识到要保护小鸟、珍爱生命。这次无意间的发现与有心的分享使整个过程中幼儿都兴致高涨,对身边的自然现象和人与自然的关系有了进一步的认识,并且能够积极主动参与其中。在观察小鸟孵化的过程中,幼儿感受了生命的成长,也保护了幼儿内心深处的美好,对生命感到尊重与敬畏。对幼儿而言,是一次充满意义的生命教育。

视频中鸟宝宝一直在生长变化,和孩子们的情感联结也越来越深。他们关心着鸟宝宝和鸟妈妈的生活,我们也看到了孩子们内心的温暖以及对外部世界的探索欲。孩子们是天生的思考家,他们把小鸟当作朋友,小鸟成了孩子们疫情期间的一个牵挂。当遇到"鸟妈妈造鸟窝太辛苦"的问题时,十八能够倾其所能帮助鸟妈妈,引发了同伴间的点赞互动,这样的情感是孩子们在与小鸟互动中的真实体验。尽管孩子们无法走出家门去感受身边的美好,但窗边的鸟窝似乎提醒着孩子们其实美好就在我们的身边。只要尽情体验与欣赏,用各种方式表达自己的感受。这些都是孩子们有感而发的时刻,也是怦然心动的瞬间。

窗边的鸟窝陪伴着孩子们度过了无法走出家门的五月,也让孩子们感受到了每个生命都值得被尊重,从关爱生命的视角去走近自然、尊重自然,自然也会有更丰厚的回馈。陪伴和支持孩子们每一次惊喜的发现,我们收获的不仅是一份对未来的期许,也是孩子们成长的感动。

蛋趣横生

陆怡

蛋是生活中常见的食材，也是孩子们喜爱的食物之一。借由立夏这一节气中吃蛋的传统习俗，在线上互动过程中，延伸拓展出了一系列活动经历与体验。孩子们在这一过程中同家人们一起，在玩一玩、尝一尝、做一做的过程中，开启了和蛋宝宝的精彩互动。

一场关于"蛋"的讨论会

"为什么我们要每天吃一个鸡蛋呢？"每个宝贝都有不同的想法。在一次线上互动中，我们随即进行了有趣的互动，孩子们在表达自己想法的同时，也一起倾听了其他同伴的不同想法。

罗穆远："吃了鸡蛋，我就能变成5岁了。"
郎浩宇："吃鸡蛋可以给我们补充蛋白质。"
程应蔚："鸡蛋能帮助我们长高高。"
崔峻涵："鸡蛋里面有很多蛋白质。"
施丁宇："鸡蛋里面有蛋黄和蛋白，它们都有不同的营养。"
付梦涵："吃鸡蛋能让小朋友身体健康。"
严刘煦："鸡蛋能帮助我们打败很多细菌和病毒！"
柏心潼："吃鸡蛋可以变聪明。"
汪未名："吃鸡蛋能变得更强壮、更厉害！"

▲ 图1 有趣的鸡蛋

但与此同时,一个孩子的一番话瞬间让人心疼又感动。她先是说:"奶奶告诉我,吃鸡蛋可以身体健康。"但马上她又问:"可是为什么奶奶不吃呢?大人不用每天吃鸡蛋吗?""为什么每次奶奶就煮一个鸡蛋给我吃?"大家纷纷开始回应她的疑问。有的说因为我们小朋友还小,有的说因为奶奶不喜欢吃鸡蛋,有的说因为只有小朋友吃鸡蛋才会长高……这时候,又有个孩子冒出来了:"我奶奶有时候也会对我说'你吃吧,我不吃'。""奶奶是真的不喜欢吃鸡蛋吗?"我不禁反问。"奶奶把好吃的都留给了我们!""奶奶爱我!"镜头前有好几个孩子这下都点头了。

一次关于"蛋"的科学小游戏

我们在活动前、活动中、活动后都设计了可以让孩子参与的游戏互动。例如,这次的互动是寻找熟鸡蛋,在活动前是一个游戏——鸡蛋敲敲敲。当要敲到哪个部位的时候,孩子们赶紧把自己相应的身体部位藏起来。活动中,孩子可以用科学实验的方法确认哪个鸡蛋是熟鸡蛋。结束后,请孩子们和家里人一起用鸡蛋做一样美食。整个活动过程中,孩子们都积极地参与互动并且参与的人数比往常都要多一些。

当寻找熟鸡蛋时,我们所发视频用的是旋转的方法,但很多孩子也有自己的想法与方法,非常积极在镜头前跟我们分享自己的小妙招。

菡菡一边说一边示范:"奶奶告诉我,只要摇晃鸡蛋,就能知道是生的还是熟的。"

肉肉说:"把鸡蛋敲开,我也可以知道。"

小雅说:"我只要摸一摸,这个鸡蛋是热的话,肯定是熟鸡蛋,冷的就可能是生鸡蛋。"

冬冬听着大家的分享高兴地说:"我觉得这个实验真好玩!"

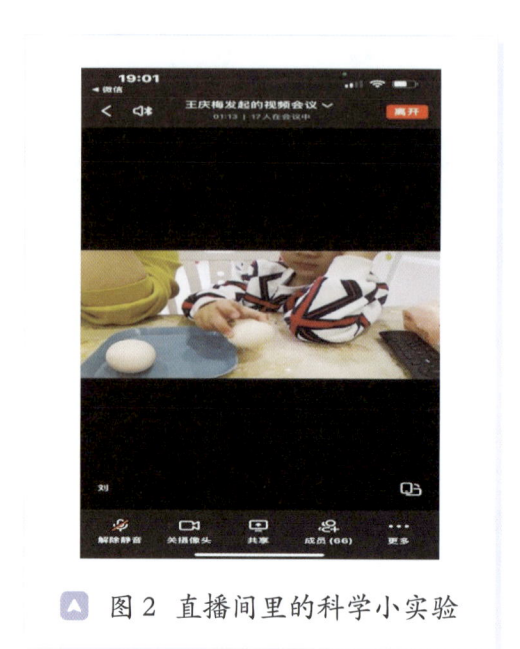

▲ 图2 直播间里的科学小实验

一次关于"蛋"的美味大比拼

疫情居家期间,大家都学会更加珍惜身边的食材,减少浪费。孩子们也在之后的互动中,一起分享了自己品尝过的和自己知道的由鸡蛋制作的美味。在居家生活中,他们一个个化身"小厨师"和"美食家",学会了剥蛋、敲蛋的小技巧,跟着妈妈、奶奶们一起尝试了"蛋"的一百种美味,品尝着自己制作的美食,真是不亦乐乎!

借由孩子们的兴致所趋,大家还在线上通过视频图片分享了自己和家里人一同制作的美食,并且来了一场线上投票互动,最终评选出了家庭最受欢迎美食榜TOP1——鸡蛋羹!

图 3
制作美味鸡蛋卷

图 4
制作美味荷包蛋

教师随想

回归幼儿体验本体价值，让儿童在自己所处的生活世界中建构关于万物的认识和认同。我们欣喜地看到，在整个"蛋趣横生"班本活动开展过程中，参与的每个孩子对于活动内容的选择、活动开展的形式都有表达自己想法的权利。虽然疫情期间的线上活动有连麦的困扰，但是基于对儿童话语权的尊重，在每次互动的时候，保证每个孩子都能连麦互动，每个孩子在自身实际生活经验与兴趣需要的基础上的想法互动都能被认真地倾听与关注到，给予及时的关注与肯定，不断推动着孩子后续参与的持续热情。

"接地气"的生活化课程活动，让孩子们能够有机会进一步走进生活、热爱生活。在一场讨论会中，关于对"蛋"的生活经验与认知，孩子们用自身独特、有趣的思考与想法，去感染着同伴们，也会因为同伴的一句疑问，引发自己对于"爱"的共鸣，传递起一股暖流。在几场直播中，孩子们能够相聚云端与同伴们直面共享自己的实验过程，大胆介绍自己的实验成果，满足好奇探究的同时，生活经验也得到了延伸与拓展。与此同时，一个个小小厨艺师在家人的协助下，开展了一次颇有意义的厨艺大比拼，品尝着自己亲手制作的美食，孩子们的幸福洋溢出整个屏幕。

一个个纯真的笑容让我们感受到源自孩子们内心的最真实的对于"生活"的好奇与热爱！

和同伴玩耍

一场特别的云端连线

金立怡

陶行知先生曾在《我们的信条》演讲中指出："我们深信健康是生活的出发点，也就是教育的出发点。"2022年春天的疫情打破了幼儿的正常入园生活，但生活中的一切事物都可以作为学习的对象，疫情也能给幼儿带来成长。在我们班里，就有一个特别的家庭，在这场突如其来的新冠疫情中，勇敢地前行着。

特别的来电

"老师，我看见我们班的双胞胎了，他们要去哪里呀？"3月的一个中午，佑佑在钉钉上朝我发来了一句语音，紧接着佑佑妈妈把看到的孩子跟随大白上车的照片发送给我："金老师，孩子说这是他的朋友，有两个小朋友跟医生走了。"看到照片的我心都揪了起来，这不就是我们班的大宝小宝吗？他们一家人跟随大白去哪里？好像没有看见以前每日接送孩子的奶奶？很多个问

▲ 图1　了解幼儿家庭情况　▲ 图2　幼儿家庭前往隔离点

220　院子里的童年

号冒了出来。

接通宝妈的电话后,得知奶奶的核酸检测有异常情况,因此家里其他人将开启14天的酒店隔离生活,两个孩子分别和爸爸妈妈一个房间,目前两个宝贝和爸爸妈妈都很健康,听到这里我和搭班老师悬着的心放了下来,简单说明情况后,爸爸妈妈在忙碌着流调等很快收了线,但一场特殊的"战役"确实在我们的身边打响了。

特别定制版云端连线

大宝小宝一家入住隔离酒店后一天,我们在钉钉线上相约,看到了两个可爱的宝贝。"金老师、孙老师,你们看我住的房间有卫生间!""我的房间有烧开水的地方!""今天服务员阿姨给我送了苹果和橙子。"听到两个孩子雀跃的声音,我们略带紧张的心情也放松下来。在疫情严重的当下,没有什么比稳定的情绪更重要的了。

两个孩子知道住在哪里吗?他们会怎么面对这一变化呢?与大宝小宝妈妈的交流中,我们也察觉到家长有些许不安和紧张。于是,我们推荐了一些亲子互动小游戏给宝妈宝爸,还有绘本《吃饭的秘密》《根本就不脏吗》,还有七步洗手儿歌,云宣传《密接,要隔离多久》《隔离观察不要怕》等资源,内容集中在自我、环境的清洁卫生和情绪稳定方面,互动的时间也能集中在进

▲ 图3 线上互动　　▲ 图4 疏导幼儿情绪

餐前后、睡觉前后，让亲子互动比较灵活与分散地与生活内容结合开展，主题虽然单一，但可建立对抗病毒的自信和尽快适应突变的生活环境。

入住隔离酒店5天后，两个孩子的作息同居家生活产生了较大差异，早上起床较晚（9点），中午无午睡。并出现了明显的焦虑情绪，具体表现为不愿意待在房间里，非常渴望到户外活动，对平时喜欢的绘本、绘画等兴趣降低。隔离第10天，居酒店办公的爸爸忙于工作，同屋人大宝在床上玩耍时不慎掉落，磕破了额头被送进医院缝针。在对话中，大宝表示非常害怕病毒和血，两个幼儿还流露出对爷爷奶奶病情的恐惧。

随着时间的流逝，这个家庭在隔离房间内的空间闭缩时长增加，时间生态失衡，生活节奏被打乱，导致两个3岁幼儿出现了明显的心理变化。通过参考青少年隔离期的指导策略，并结合这个家庭的特殊情况，我分析：3岁幼儿年龄小、心智欠成熟、活泼好动，而且因为双胞胎从出生至今未长期分开，活动空间受限，所以出现了焦虑的情绪；而且其父母作为密接，在疫情期间担心被感染，还面临隔离期工作、照料幼儿，故出现了照料过程中幼儿受伤的情况。因此，我根据家长和幼儿的不同情况进行指导，给予家长人文关怀和基本心理支持；并重点关注两名幼儿，根据男孩的活泼好动，在隔离点静不下心的特点，我从上海托幼、上海科学育儿指导等专业公众号选取了运动类的游戏，进行适当的删减，推送给大宝小宝，两个孩子都很喜欢。爸爸妈妈也在老师的建议下适当采购互动材料，给相对枯燥的隔离生活增添了精彩。

教师随想

14天的酒店隔离限制了两个孩子的活动范围，而且在集中隔离后，这个家庭还将面临一段时间的居家隔离观察。在入住酒店一周后，大宝小宝的情绪出现了较大的变化，从一开始的新奇到无聊，再到出现了烦躁、生气的情况。另外一个结果也同样让人心焦，大宝小宝的同住人爷爷在隔离一周后核酸检测异常，转移到了医院，两个孩子在聊天中流露出对爷爷奶奶病情的担忧。

在安抚幼儿情绪的基础上，作为教师我认为此时开展生命教育势在必行。我们常说的生命教育实践应建立在对生命珍视、热爱的基础之上。这场突如其来的新冠肺炎疫情，正好是一个开展生命教育的时机，帮助幼儿探求生命本质，认识生命、尊重生命、敬畏生命。在这场云端陪伴中，一些有趣的生命绘本陪伴着两个孩子，幼儿不仅可以将自我经验与绘本中的情节、人物联系起来，还可以了解自我生命成长与周遭环境的关系。幼儿也在初步认识和理解生命与自我、他人、社会及自然之间的关系，认识生命、珍惜生命、尊重生命、敬畏生命，促进自我的生命化成长。

两个孩子虽然是小班年龄段，语言表达还不够完整和顺畅，但通过两周隔离生活的沟通，生命教育的关怀对这个家庭起到了安抚、积极情绪的引导。一场疫情带给了这个家庭一场特殊的经历，这段时光虽隔离但不隔爱，也必将成为两个孩子成长的一部分，他们收获了关爱、自我保护意识、责任等关键成长经历，让我们一起等待春暖花开、山河无恙！

值日生

孙娟

"值日生",几乎每个班都有这样的环创版面,可是在一日活动中,总是会发生"值日生不见了""做值日生的总是那几个孩子"的现象。针对这种现象,我们生成了一系列的探索讨论活动。在活动中,孩子们通过自我服务和服务他人,成为班级的小主人,培养了自己的独立性和自信心。

一张儿童调查表——让幼儿说说值日生可以做什么

教师只有基于儿童立场,了解幼儿的想法,才能有效地开展下一步工作,使教育更有针对性。于是在讨论前,我向孩子们发放了"你知道值日生做什么吗"调查表,请孩子们与家长一起调查讨论,了解幼儿的真实想法。在调查中,我发现每个幼儿能力发展水平都是不同的,孩子们对值

▲ 图1 值日生调查表　　▲ 图2 孩子的调查

日生工作的内容有自己的定义。

大头说:"值日生可以帮助老师量体温。"

多多说:"值日生可以帮忙摆放区角及运动材料。"

小爱说:"值日生可以打扫教室的地板。"

萍萍说:"值日生需要照顾自然角的植物。"

琳琳说:"值日生就是要提醒大家遵守班级公约。"

花花说:"值日生可以照料我们花园院子里的植物和小菜地。"

一张劳动清单——了解每一个儿童的自主意愿

在了解了孩子们对值日生工作的认识后,我基于儿童的兴趣,寻找儿童的真实兴趣点,充分尊重幼儿,发挥幼儿的自主性。为了解幼儿对于值日生工作的意愿,我们组织幼儿进行了一次"你最喜欢的值日生工作"的讨论。

彤彤说:"我想做洗手值日生和喝水值日生。"

大头说:"我觉得午餐后打扫卫生的工作我很喜欢,因为可以使用劳动角的工具。"

小川说:"我想整理我们的魔法袋,那里每天太乱了。"

轩轩说:"我喜欢照顾小花园的花花草草,每天我都给他们浇浇水、剪剪枯叶。"

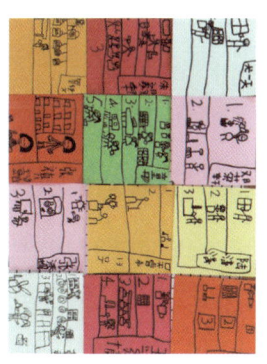

▲ 图3 我的劳动清单

然然说:"我喜欢照顾小动物,小花园里的蚕宝宝我来照顾吧。因为我家里养了好多小动物,我最喜欢动物了。我会好好照顾它们的,不会让它们死掉。"

就这样,我们请每个幼儿发表意见,说说自己觉得比较擅长的劳动,通过孩子们的讨论,根据他们自己的喜好,最终孩子们以图画的形式为自己列一张劳动清单。

一场招聘会——儿童自主分组

怎样让幼儿自主分组呢?我模拟招聘会的形式,让孩子们在小游戏中看到大世界,寓教于乐,丰富了他们的社会体验。要开招聘会,首先要有招聘的人,那就产生了先招聘小组长的需求。孩子们通过自己推荐与大家投票的形式产生了5位值日小组长。之后,值日小组长自行摆摊,进行值日组员的招聘活动。在招聘会现场,孩子们拿着自己的"简历"——劳动清单,上面写着名字、学号,自主地选择适合自己的"工作",就这样一场盛大的招聘会开始了。

非非说:"我喜欢打扫卫生的工作,在家一直帮奶奶扫地、拖地,你们这儿需要吗?"

组长彤彤说:"我们正需要这样的成员,恭喜你被录取了。"

小爱说:"我喜欢整理教室,我觉得为大家服务是一件很快乐的事情,我也想进你们小组。"

彤彤说:"整理教室的小组成员我们已经有了,你可以再到其他小组去试试。"

轩轩说:"我想进小熊做组长的小组,我跟他是好朋友。"

小熊说:"虽然我们是好朋友,但是也要认真负责哦。"

一份小组计划书——明确自己的值日生任务

计划书的制订有助于幼儿明确做事目的,积累做事有序经验,了解做事的步骤。通过值日生计划书,幼儿能够了解在一日活动中需要做的事情,能够通过表达自己的意愿进行小组工作内容分配,能够用绘画、数字、表格的形式梳理和归纳活动情况,在值日生制度实施过程中会及时发现问题,并想办法调整计划内容。

▲ 图4 一份值日计划书

一场儿童议会——解决值日生制度实施中的问题

在开展值日生工作的过程中，孩子们难免会遇到各种各样的问题或者矛盾，如何来解决呢？

之前我们已经制定了值日生计划书，因此孩子们每天来园都能有序进行各自的值日生任务。到了中午自由活动时间，大头跑过来说："孙老师，我发现小花园里的小鱼死掉了，里面的水好脏呀。"我想不会呀，每天都有照料小金鱼的值日生，怎么会没有人换水呢？于是我就问："今天照料的值日生是哪些人？"欣欣跑来说，是她和小爱。那我就问："怎么小鱼没有换水呢？"欣欣说："我们是有分工的，我照料植物，她照料动物。""那小爱呢？"我问。然然说："她今天请假了，没有来。"同组的金花听见了，说："老师，我来换水吧！"看着金花去换水了，其他组员也都来帮忙。针对上午的突发状况，在午餐后，我们开了一次儿童议会——当组内同伴请假没有来，我们应该怎么办呢？听了我的提问，孩子们积极地讨论起来。经过一番讨论，孩子们一致觉得，同组的人顶替上去是最方便的办法。

案例中我还是把主动权交给孩子，通过儿童议会充分体现了幼儿的话语权、选择权、决策权，培养了儿童的社会能力，通过合作协商，共同寻找解决问题的方法，在值日过程中孩子们能倾听和接纳同伴与自己不一样的意见，能管住他人的情绪与需求，并在需要时愿意做出适当调整。同时，一条小金鱼的死亡引发的讨论，使孩子们更加懂得了任何微小的生命都值得被尊重，相信孩子们通过这个事件了解到值日生工作的重要性，并且都将会从自我做起，更加关爱每一个小生命。

一次点赞时刻——激发幼儿的内在动力

幼儿的成长需要他人的指导和评价,为了保证幼儿自主参与班级管理工作的有效开展,借助值日生的工作,通过多种形式激发幼儿的内在动力,我们实行了周评与月评制度。就这样一场热闹的点赞时刻开始了。

▲ 图5 一次点赞时刻

每天的自由活动时间,孩子们都会拿出各自的小安日记,记录下当天发生的有趣事件,我们的小小值日生们也都会记录下他们的值日情况。每天放学前,都是我们每日的点赞时间,孩子们都会与大家分享值日生工作中的内容和一些小妙招。只见,大屏幕上播放了在今天一日活动中我们捕捉到的闪光时刻。孩子们认真地看着,不时地发出惊叹声。

彤彤说:"你看你看,这是我在帮小乌龟换水。"
琳琳说:"我看见大头在帮多多一起整理床铺、叠被子。"
琪琪说:"中午吃饭的时候花花的汤翻掉了,妮妮在整理桌面,还把地上也擦干净了。"
希希说:"你们看,之前一直不爱劳动的肉肉,他也在帮忙擦盥洗室的台面了。"
肉肉说:"那是,现在我和俊俊是好朋友,我们现在是闪电组合,一起劳动很快乐。"
小爱说:"原来值日生一天做了这么多事情,为他们点赞!"
……

为了让评价公平公正，体现基于证据的评价机制，让评价看得见，在一日活动中教师及时捕捉成长瞬间，即时采集片段，即时现场呈现，用照片、视频进行现场回顾的形式记录孩子值日生工作中好的经验。他们利用小安日记，记录一日活动中为自己、为集体做了哪些事情，用了什么方法自我评价；采用"夸夸我眼中的值日生"的形式，通过同伴间的互相评价的同伴评价；结合班级优化大师的评价功能科学、合理地对幼儿进行评价，树立榜样，提高其他孩子的劳动意识与劳动能力的教师评价；以及后期将每周搜集的值日生小故事证据素材及时发到"孩子通"上，让家长参与评价。这样就形成了一系列的多元主体的评价，有助于增强其他孩子的劳动意识与劳动能力。

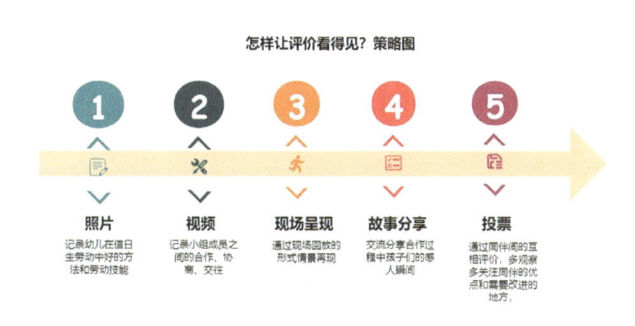

▲ 图6 怎样让评价看得见　　　　▲ 图7 小安日记自我评价

▲ 图8 自主投票同伴评价　　▲ 图9 优化大师教师评价　　▲ 图10 孩子通家长评价

教师随想

　　幼儿的生命教育是要去"唤醒"每一个孩子自我生长的愿望。通过值日生的一系列探究活动，既帮助孩子更好地理解生命的意义，又使他们在同伴的互相协作中懂得关爱他人、热爱大自然。幼儿的劳动意识、服务意识也在不断优化的值日活动中提高，在亲身体验和实践中更加深入地理解劳动的意义，促进幼儿的生命成长。幼儿的计划性、合作与交往、解决问题以及劳动技能方面都有所提高，幼儿的真实想法、真实需求或兴趣都在一张张调查表、计划表中，儿童会议中被倾听。

　　在值日生制度实施前，值日生工作有哪些？我想做什么？怎么分组？这些具体的问题都考验着孩子们的计划与实施能力。在对具体计划讨论的过程中，幼儿自主谈谈自己的想法，在招聘会现场，幼儿自主选择参加值日生招聘会，自主决定需要哪些能力的成员，就这样一步一步有计划地进行。在值日生制度实施的过程中，幼儿之间商量合作，互相补位，让工作更有效。整个值日生制度探索过程中，招聘会人员匹配问题，同伴请假问题，用什么工具合适问题，都推动着孩子们主动地分析思考，寻找合适的解决方案。最后，在值日生制度实施后，通过值日生小故事的分享，孩子们相互分享学习，真正地让孩子们在从事值日生工作的过程中得到自我锻炼，树立自信，克服自己的缺点和弱项，变弱为强，以强带弱，全面发展。

　　总之，幼儿在值日生实践中，增强了劳动意识与劳动能力，促进了德、智、体、美、劳全面发展，在值日生工作中幼儿能展示、显露、发展个人的天赋才能。由此可见，值日生工作是幼儿园开展劳动教育的有效载体，让幼儿成为班级的小主人，从儿童立场出发，体现儿童主体性，通过自我服务和服务他人，培养幼儿的独立性和自信心，激发幼儿的内驱力，促进幼儿的生命成长。

　　让生命教育在孩子的真实生活情境中发生！

和孩子一起去菜地玩出新花样

沈益

　　我园以生命教育为特色，利用园所得天独厚的地理环境，丰富了生命室的内容，孩子们非常喜欢其中的菜地这一块内容。当五一之后回来时，孩子们惊喜地发现菜地里的蔬菜都长得异常茂盛，孩子们对菜地里的蔬菜的兴趣表现得异常浓厚，也萌发了许多关于菜地玩法的问题。"今天我们准备怎样玩？"为了满足孩子们探索菜地的强烈欲望，我们将追随孩子的兴趣，一起探索菜地的新玩法。

换一个浇水的工具

　　两个孩子商量说："今天我们用水桶和葫芦瓢来浇水，好吗？""好呀，好呀。"接着小嘉和小玉把水桶和葫芦瓢拿了出来，小玉想了想说："我上次看见涵涵在雨水收集器那里打水，我

◀ 图1
孩子们在浇水

们要把水桶放到雨水收集器的那里才可以。"于是,两个孩子一起拿了水桶和葫芦瓢来到雨水收集器打水。过了一会儿,水桶里已经有大半桶水了。于是,两个孩子又小心翼翼地把水桶搬到后菜地。小玉和小嘉一人取了一个葫芦瓢,小心地用葫芦瓢舀水,然后拿着葫芦瓢走到菜地,轻轻一洒就给蔬菜浇好水了。

一起拔杂草

孩子们又商量一起在后菜地里拔杂草,小嘉问小玉:"我不知道杂草是怎样的,你能教教我?"小玉点点头,带着小嘉去看看杂草是怎样的。小玉从菜地里拔了一根杂草给小嘉看说:"你看,有的杂草是有四片叶子的。"她用手点了点地上的杂草,对小嘉说:"这里有很多杂草,我们慢慢拔吧!"小嘉看了看小玉点的地方,于是他蹲下来开始拔杂草。他小心用力地一根一根地拔杂草,把拔下来的杂草放进篮子里。小玉在另一边也认真地一根一根拔杂草。过了几分钟后,篮子里已经有大半篮的杂草了。小嘉对小玉说:"拔杂草真的很辛苦的,我们要不要休息一会儿。"小玉对小嘉说:"可以的,不过我们要先把杂草送到堆肥箱里,这样杂草也会变成有用的肥料了。"于是,两个孩子把杂草送到了堆肥箱那里。

▲ 图2 孩子们在拔草

橘子树快快长

小璇来到橘子树旁,她抬头仔细观察橘子树,开心地对小玉说:"小玉,你快过来看,树上长出了很多的小橘子。"我对两个孩子说:"树上长出了很多的小橘子,我们想一想可以玩些什么?"小玉说:"我们要好好照顾一下橘子树,这样橘子可以长得快一点。"

于是,小玉和小璇每人接了一壶水,然后又拿着水壶来到橘子树旁给树浇水。小玉和小璇一边浇水,一边仔细地观察着橘子树的根部。突然,小璇兴奋地叫起来:"哇,这里有小蘑菇出来了,我发现小蘑菇了。"于是,小玉赶紧过来看。她看了看说:"小璇,我觉得这个蘑菇的颜色太鲜艳了,可能有毒。我们不能用手去碰它。"小璇说:"我不碰,我猜它也想长大。我给它浇浇水,让它快点长大。"接着小璇就又接了一壶水去给小蘑菇浇水。

图 3
孩子们在橘子树下发现秘密

你见过香菜的种子吗?

今天孩子们一起来到香菜地。小玉对小洋说:"哇!这个像小花一样的东西是不是香菜的种子?"小洋也兴奋地说:"应该是的。哇!已经长得这么多了。我们一起来收集香菜的种子,好吗?"小玉很赞同小洋的想法。于是,两个孩子一起用剪刀剪香菜的种子。

5分钟后,小玉和小洋收集了一桶香菜的种子。小玉对小洋说:"我感觉香菜种子在里面,我们要不要剥出来看看。"小洋点点头说:"我也感觉这好像是壳,我们要剥一剥。"两个孩子剥了一会儿，小玉说："我们还是戴个口罩吧！味道实在是有点难闻。"于是，两个孩子戴好口罩，认真地给香菜种子去壳。

大约5分钟以后，小玉和小洋已经收集了很多的香菜种子。小玉对小洋说："我感觉香菜的种子和萝卜的种子有点像。"小洋说："我觉得香菜种子小一点，而且香菜种子的味道很难闻。"于是，两个孩子分别取了一颗萝卜的种子和香菜的种子比了起来。

▲ 图4 孩子们收集香菜的种子

教师随想

"在菜地里可以怎样玩？"这个话题来自孩子们探索的需要。《3—6岁儿童学习与发展指南》指出："幼儿亲近自然、喜欢探究，具有初步的探究能力，在探究中认识事物。"幼儿是积极主动的学习者，当幼儿想出各种在菜地中的玩法时，幼儿探索的积极性和主动性被充分调动。

在探索菜地玩法的过程中，孩子不仅学会了记录、解决问题的能力以及同伴之间合作的能力，最重要的便是激发孩子探索的兴趣，一次次自主的探索满足了孩子们探索自然的兴趣，感受着生命的伟大与精彩。

孩子们的童年只有一次，菜地已然成为孩子们童年中的理想的院子，而孩子们关于菜地的玩法就像是散落在院子里的各色宝石那样珍贵。

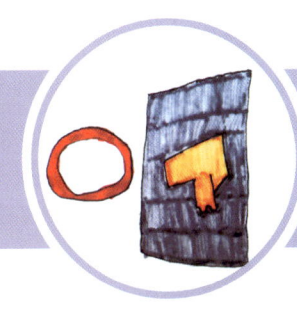

有趣的雾气

郁浩磊

  冬季来临，天气逐渐转冷，孩子们来园时经常对着自己冰冰凉的小手哈热气。一天他们一边贴着冰冷的玻璃，目送自己的家长离开幼儿园去上班，一边对着小手哈着热气。突然有个孩子惊喜地发现，本来清晰透明的玻璃变得模糊不清，上面附着一层薄薄的雾气。原来对着窗户玻璃哈气就会产生雾气，太神奇了。于是一场关于揭秘雾气的探索便由此展开……

▲ 图1 窗上的雾气真好玩

雾气诞生记

  为什么在玻璃窗上哈气就会有层雾气出现呢？孩子们对此议论纷纷，大家都有自己的想法。
浩浩："因为玻璃是透明的，雾气把透明的玻璃变成了不透明的。"
杨杨："玻璃上面冰冰的，我们哈的气是热热的。好像冰冰的东西碰到热热的东西就会有雾气。"
依依附和道："没错，我在家里洗完澡，也会在镜子上看到雾气。"
依依的话让孩子们炸开了锅。大家纷纷表示，也都在洗完澡的镜子上看到过雾气，于是话题就变成了生活中哪里会有雾气出现。

然然:"我在爸爸车子的玻璃窗上看到过雾气,爸爸还说看不清路了。"

心心:"我在吃火锅的时候看到过雾气,怎么吹都吹不掉。"

玥玥:"我自己的眼镜上就有雾气,我妈妈教我擦眼镜之前可以哈一口气。"

孩子们立马围着玥玥,争相向她的眼镜上哈气。我从他们的一举一动中嗅到了他们对于"雾气"这个神奇自然现象的好奇和探究的渴望,于是我和他们一起讨论在我们的教室里有哪些材料可以让雾气宝宝诞生,让我们能够观察和研究雾气。有了之前讨论的知识,他们提出了一些听上去感觉可行的材料。有的说塑封纸薄薄的透透的可以产生雾气,有的说小镜子可以产生雾气。最后我们通过投票将材料定为:塑封纸、小镜子、手工纸、餐巾纸。我将孩子们提出的材料都收集好分发给他们,并且试探性地问他们:"我们需要怎么做让雾气诞生呢?"话音未落,班级里就传来了此起彼伏的哈气声,大家专注地朝自己手中的材料不停哈着热气。

▲ 图 2 塑封纸上的雾气　　▲ 图 3 在各种材料上做实验

在经过了几次对比实验以后,大家的结果基本上一致,塑封纸和小镜子最容易观察到雾气,手工纸和餐巾纸摸上去会有点湿湿的,但是不容易观察到雾气。孩子们恍然大悟,原来薄薄的透透的材料上容易产生蒙蒙的雾气。

雾气消失记

自从班级里的孩子做了雾气诞生实验之后,就好像对雾气着了迷,走到哪里总会对着玻璃或者镜子哈热气,戴眼镜的小朋友也经常被别的小朋友朝眼镜上面哈气。于是他们拿着充满雾气的眼镜来找我哭诉。

玥玥说:"老师,他们总是朝我眼镜上面哈气,我说不可以哈气,他们就是不听。"

我听了以后并没有斥责捣蛋的孩子们,而是开启了一个新的话题:"雾气给我们的生活带来了方便还是不方便?"孩子们听了以后纷纷表示,雾气对生活产生了不方便。

杨杨说:"洗完澡的镜子雾蒙蒙的,都不能看清自己的脸。"

然然说:"我爸爸开车最怕遇到雾气了,他说这样子很危险。"

玥玥说:"你们老是对着我的眼镜哈气,我都看不清了,一点也不方便。"

听到玥玥的抱怨,一旁的孩子们显然对玥玥的遭遇产生了共情。原来看上去好玩的雾气会给我们的生活带来诸多不便。孩子们纷纷表示,以后再也不会因为好玩而对着玥玥的眼镜哈气了。

心心说:"雾气真可恶,我要消灭雾气。"

浩浩说:"可是怎么才能消灭雾气呢?"

这让孩子们犯了难,大家你看我我看你,想不出好点子来。我并没有直接将答案告诉他们,我希望他们能够带着这股求知欲自己去寻求答案。于是我们约定在回家以后通过查阅资料或者询问爸爸妈妈的方式将消灭雾气的方法记录下来,第二天一起来试一试。

▲ 图4 记录的除雾方式　　▲ 图5 雾气真的消失了

时间很快来到了第二天，大家带来了洗洁精、肥皂、食用油等材料，都迫不及待想要尝试这些材料，能否让雾气不再产生。孩子们每个人拿着一张薄薄的塑封片，在上面涂上了他们想要尝试的材料，再用纸巾擦干，接着班级里再次响起了此起彼伏的哈气声。很快就有孩子发出了惊叹："成功了！真的成功了！"慢慢地惊叹声越来越多，等到所有孩子都做完实验以后，大家都兴高采烈地告诉我实验的结果。出乎意料的是洗洁精、肥皂、食用油都可以让雾气消失。

教师随想

自然是孩子们童年最好的游乐场，他们在一次次的探索和发现中收获新的乐趣和经历。雾气这个自然现象对于成年人来说可能司空见惯，但是对于孩子们来说却像是发现了新大陆。很多的新发现最后仅仅止步于发现，但是孩子不一样，他们天生充满对于自然的好奇和探究的热情。在探索雾气的过程中他们自发性地猜测、讨论、质疑、探究，在一次次的经验累积中去打开下一扇未知的大门。大自然对于孩子来说是一位非常好的老师，因为他永远不会主动给孩子答案。中班的科学探究的年龄特点是能够观察、比较事物的异同，能够提出疑问并且大胆猜测。在雾气诞生记这个实验过程中，他们就是在用心观察和比较事物，同样是对着材料哈气，为什么有的材料能够观察到雾气而有的不能呢？结合生活经验之后孩子们发现，能观察到雾气的地方都有相同的特征，于是他们在一次次的观察和比较中猜测：会不会透明的材料更容易观察到雾气呢？最后的实验验证了他们的猜测，不仅解答了他们的疑惑，也让孩子们试着像科学家一样思考和尝试解决问题。

中班孩子有这样的年龄特点："幼儿开始思考生物、生物的需要及其生活环境之间的关系。"这便是从自然中来，到生活中去。发现雾气只是孩子们一个偶然的举动，当他们了解雾气之后能否将雾气与生活联系起来呢？玥玥对于孩子们一直向她眼镜哈气的烦恼，让她间接体验了一次雾气对她的生活产生了影响的特殊成长经历。在玥玥对于雾气的认知里，雾气可能就代表着模糊以及看不清。所以有了这样的契机，孩子们听到了玥玥的烦恼以后，一下子就理解了雾气对于生活环境带来的影响，进而产生了让雾气消失的实验。植根生活，亲历体验，在生命教育的润泽下，每一个孩子都会热爱生活、懂得生活。

浇水器探秘

金小英

为了解决香草园浇水问题，孩子们学习了哥哥姐姐们关于浇水的探索。其中，自动浇水器的制作吸引了所有孩子，一致认为这个能解决无人浇水的问题。但不到一周，孩子们的热情就戛然而止了，自制浇水器就无人问津了。

七恩说："我觉得没有意思，筷子、棉签一会儿就用完了。"

浩铭说："哥哥姐姐的方法根本不行。"

七佑说："一直用图钉打洞，手也痛死了，我都不想玩了。"

Q宝说："水很快就没有了，还要一直加水，太麻烦了。"

为此，我肯定了孩子们的想法，表扬他们善于发现问题。以找不同、寻真理为契机来鼓励孩子大胆地去尝试解决问题，探索浇水器新秘密。

神奇的引流物

轩轩和诗诗发现哥哥姐姐使用的棉签引流物有问题，找到了志同道合的同伴组成了"引流组"，开始了引流物新探索。

他们在材料库里寻找新引流物，找到了纸绳、麻绳、不一样的棉签。制订计划后，去探索真正最佳引流物。轩轩和诗诗都拿着空心棉签和木棒棉签分别制作了两个不同的浇水器，发现空心棉签浇水器无法出水，木棒棉签容易出水。

之后，他们又分别制作了纸绳、麻绳引流瓶，发现这两种材料同样也能起到引流的作用。不过纸绳的速度更快，且经过一天后，纸绳似乎有点烂掉的迹象。而麻绳没有烂掉，但瓶子里的水失去的最少。当然，棉签引流的浇水器速度介于两者之间，不快也不慢。

▲ 图1 讨论哪些材料可以做引流物 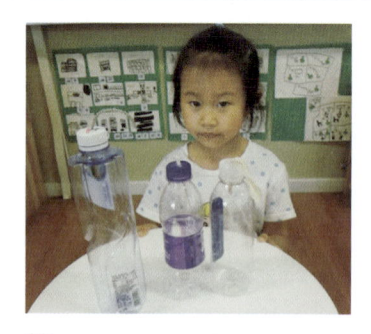　　▲ 图2 三种材料引流的浇水器

来之不易的打洞神器

看完发布会，悦悦对打洞工具提出了疑问：棉签是怎么穿过瓶盖的？

浩铭说："可以用钉子打洞呀，打好洞把棉签穿过去就可以了。"

萌萌说："我家有螺丝刀，我看我爷爷用过！"

金骐说："也可以用多纳图钉，我家小板上有，一扎就一个洞。"

而后，孩子们对带来的打洞工具进行了投票，选出了三种最方便打洞的工具，有螺丝刀、开瓶器、多纳图钉。为了测试这三种工具，悦悦找了两个厚度不一的瓶子。首先是开瓶器，发现总是会打偏，扎不准。接着是螺丝刀，发现头不尖，不能打洞。最后是多纳图钉，测试下来非常方便。但也发

▲ 图3 讨论哪些材料可以打洞 　　▲ 图4 多纳图钉最好用

现了一个问题：多纳图钉有点小，不好拿，打洞的时候还有点费劲。不过，在修理大师归老师的帮助下，孩子们制作了一个超级大的多纳图钉。

不甘示弱的吸管

莎莎对哥哥姐姐使用的支撑物也产生了疑问，为什么都用直直的硬硬的木棍？

于是莎莎用两根吸管想把整瓶水撑起来，但结果失败了。于是4根、6根直到10根，真的能把一瓶水稳稳地撑起来，两个人特别高兴。

图5 软软的吸管能用吗？

图6 三种材料支撑的浇水器

控制水流的洞洞

宁好和李然同时对发布会中浇水器的洞洞有自己的想法。

宁好说："那是要打几个洞洞呢？洞洞要打在哪里？"

李然说："应该是随便打的。"

于是，两个人拿出了3个瓶子，分别打出的洞洞数量、位置是不同的，其中一个是在底部打了5个洞洞，一个是在瓶身打满了洞洞，另一个是瓶身和瓶盖都打满了洞洞。当他们装水的时候，他们发现瓶身和瓶盖都打满洞洞的瓶子根本没法装满水，而瓶身打满洞洞的能装满水但也是有困难的，只有底部打了5个洞洞的瓶子，装满水的速度很快。

和同伴玩耍 241

由此，他们俩得出洞洞不是越多越好，洞太多空气容易进去，水就会很快流光。

图 7 水流的速度跟洞洞有关吗？

图 8 水流的实验真好玩

教师随想

我园在实施生命教育的同时，更关注孩子们在这一过程中的亲历体验、个性成长，鼓励幼儿全程参与、全程互动、全程探索，运用多种感官、采用多种途径和方式，由开始到结束的亲身经历与切实体验。在整个浇水器探索中，从问题的提出到每个产品的制作，孩子是全程的主导者。每次遇到问题，都通过个别咨询、小组讨论、儿童议会等方式来解决，这又给了孩子继续探索的动力。这让孩子们看到一次次的失败并不可怕，只要我们根据问题去查找资料、不断去尝试新的方法，最终一定能成功。

"从引流物，到打洞工具，到支撑物再到水流速度"的探索过程之中，孩子们共同计划，寻找适宜的材料制作，结合自己的经验探寻让水自动流出的方法，孩子们思考从制作的材料、制作的方法、距离的适合程度等多方面思考。从一种材料到多种材料的转变中，孩子们又通过信息调查等方法，尝试运用观察、测量、比较等不同方法来感受不同材料的效果差异，尝试解决水流速度的问题和取放方便的问题。

每个孩子都有自己的成长密码，一次次的思维碰撞，让密码逐渐升级，让成长更绚丽多彩！

寻觅气味

胡怡菁

五月的教室后操场,满眼都是生机勃勃的景象:孩子们在赛道上奔跑着、追逐着,坐在跳跳球上尽情蹦跳着,带着足球勇往直前……他们很喜欢这里,不仅因为在这里可以释放天性,而且因为在这里可以更加亲近自然、亲近生活、亲近自我。在这里,他们可以做很多的事情,比如说到这里去寻找秘密。

与气味的初次相遇——感受与体验气味

"老师,什么味?好臭啊!"一天,本在场地上肆意奔跑的浩瀚放慢脚步,用手捏住鼻子,略带"嫌弃"地跑来向我询问,在他身边三四个孩子紧接着也停下脚步,捂住鼻子,此时的我依稀也闻到了这气味,怀着好奇的想法,很想看看孩子们的有趣反应,看看他们会怎么面对这次特殊的气味经历。

▲ 图1 浩瀚发现气味　　▲ 图2 大家都发现气味

不一会儿，场地上几乎大半的孩子都闻到了气味，有的捂住鼻子，有的皱紧眉头，一边低头四处张望，好像在搜寻着什么，一边小嘴巴忍不住嘀咕："什么东西怎么这么臭？""真的好臭，哪里传来的？""是不是旁边的土里冒出来的？""大概是蘑菇身上的臭味吧。"……

回忆和寻找气味的由来——回想与描述气味

气味直到运动结束后仍久久不散，甚至蔓延到了教室里。孩子们的注意力也依然被它困扰着，他们互相开始猜测着气味到底是什么，从哪里来。

小宇一本正经地说："好像臭咸菜的味道。"

"是不是泥土的气味？"杨宝也开始猜测。

小洁歪着脑袋，若有所思："是不是榴莲的味道？"

珍珍一听，马上摇头："不对，我吃过的。榴莲是香的，可不是刚才的味道。"

这时，嘉旺看到甜甜手上的驱蚊手环，一把抓住低头去闻："是不是这个的气味？"紧接着，有点失望语气说："好吧，不是。"

"有没有什么植物是这个气味的？"君君开始思考。

允允也开始努力回想："我刚才在长龙下面的木头攀爬架上闻到那味道。"

▲ 图3 闻手环判断气味

再次寻找和发现气味的变化——感受与比较气味

为了追随孩子们强烈的求知兴趣,我鼓励他们自主寻找答案,自然探索时间,我们又来到了操场探个究竟。他们一来到场地,便三五成群分散开,像侦探似的开始"侦查"。

有的凑到蘑菇那儿使劲嗅了起来,一边自言自语:"嗯,这蘑菇有味道,但不是刚才那个味道。"有的蹲下来用鼻子贴近小草,发现小草原来也有气味,但也不是那个气味,他们摇摇头。有的摸到了碰碰香,说怎么是香的。有的来到攀爬架旁,几个人低下头,围着木质攀爬架上下左右都闻了一遍。刚才说臭味来自攀爬架的允允困惑地告诉我:"老师,怎么现在是红烧牛肉味!……之前明明好像是臭味。"面对允允的发现,我和几个同伴们忍俊不禁。是的,臭味怎么还会变的?而且还变成了香香的红烧牛肉味?

"好香啊……"几个孩子走走、闻闻、找找,率先来到了食堂附近的大烟囱排气管那儿,激动地叫喊着我:"老师!老师!香味是从这里出来的!"等到所有孩子都来到这里时,这些孩子又困惑了:"香味没有了,它又去哪儿了?!"

▲ 图4 闻小草

▲ 图5 摸碰碰香

▲ 图6 闻攀爬架

和同伴玩耍 245

教师随想

气味无色无形，作为生活中特殊的课程资源难以捕捉和具体观察，对小班幼儿来说有一定挑战性，然而孩子们拥有对气味的敏感度与天然的探究欲。《3—6岁儿童学习与发展指南》指出："成人要善于发现和保护幼儿的好奇心，充分利用自然和实际生活，引导幼儿逐步获得经验，形成学习态度和能力。"我们决定尊重和支持这群孩子。在探索的过程中他们真的像科学家、探险家、侦探一样"专业"与执着：大胆猜测、质疑、寻找、比较、回忆、联想……在不断的自主探究中感知气味的奥秘，形成了初步的探究能力，获得了关于气味的成长探索体验。

在气味寻觅过程中，对于"气味从哪里来"引发的问题，孩子们俨然成为一个个智慧的"思考者"，通过经验迁移、表达感受等进行大胆思考和猜测，同时关注到同伴对于气味的不同看法进行评价和质疑，是一种内在思考力成长的体现。这种映照内心的自我感知体验，帮助他们开始认识自我，敢于思辨、乐于表达，这不仅是当下可贵的成长收获，更是未来社会所需的内在力量。

在这片理想中的童年院子里，孩子们孜孜不倦，尽情探寻与收获着属于他们自己的美好童年时光！

保护种子大行动

邱春芳

春天是万物生长的季节。幼儿园的山坡上，小草从泥土里探出了尖尖的小脑袋，柳树上冒出了一个个绿色的小芽芽，桃树上的桃花竞相开放，一派生机勃勃的景象。在这样一个充满生命与活力的季节，我们小朋友自然也不会错过。看，在我们的小菜地里，在我们的自然探索区里，到处都是小朋友忙碌的身影。

我们班的小朋友也不甘寂寞，他们也在商量着在花盆里种些小种子。

欣欣说："我想在花盆里种几粒黄豆，过几天它就能长出黄豆苗啦。"

乐乐说："我觉得还是种绿豆好，它发芽快，上次我们把小种子种在水里的时候，绿豆第一个发芽，黄豆后来都坏了，所以我还是种绿豆吧。"

天天说："我觉得红豆发芽也很快的，而且它长得比绿豆好看。"

在孩子们七嘴八舌的讨论中，最后决定种一些常见的豆豆，有黄豆、绿豆、红豆、豌豆、花生。

每个小朋友都选择自己最喜欢的种子种在自己的小花盆里，每天都来给它浇水，观察它。时间一天天过去了，有些小朋友的小种子慢慢从泥土下面探出了小脑袋。看到自己的小种子发芽了，小朋友们别提有多高兴了。他们拉着老师、好朋友一起来看它的小种子。有的小朋友还会对着小种子说："小种子，你快快发芽、长大吧，我会天天来看你，天天来给你浇水的。"

可怕的事情发生了

一天早上，孩子们到了幼儿园以后，就兴冲冲地走到小花园，想给小种子浇浇水、松松土。刚到小花园，好几个小朋友都叫了起来："老师，我们的小种子被谁咬坏了。"有的小朋友说："老师，小种子被谁挖出来了。"我走近一看，果然，刚刚冒出头的小种子被咬掉了头，有些小种子被挖出来了，地上还散落着很多小芽芽，到底是谁做的坏事呢？

▲ 图1 种子被谁挖出来了

寻找破坏大王

会是猫咪吗？会是小鸟吗？孩子们开始猜测，其实我是知道答案的，但是我没有说。一天离园后，小雨因为妈妈有事，不能准时接孩子，所以我和小雨一起到小花园里照顾小菜。这时候，对面居民楼上飞来了一只鸽子，鸽子径自飞到小朋友们的种植园，开始刨土咬种子，我一边提醒小雨观察，一边拿出手机把鸽子刨土咬种子的过程拍了下来。第二天，小雨把昨天鸽子破坏小种子的事情告诉了小朋友们。我把我拍到的鸽子刨土的视频放给小朋友们看，谜底终于揭晓啦。

寻找保护小种子不被破坏的方法

那怎样才能保护我们的小种子不被破坏呢？对于这个话题，孩子们讨论得相当热烈。有的小朋友说，他去找些小石头压在泥土上面，鸽子就不能刨土了，小种子就不会被咬坏了。有的小朋友说，她拿毛巾遮一遮吧。康康说："我们去做个稻草人，放在这里，把鸽子赶跑。"有小朋友产生了疑问："稻草人能帮我们赶跑鸽子吗？"康康说："能的，我听我奶奶说的，小鸟和鸽子看到稻草人，以为是人，就不敢来了。"小雨这时候也说："稻草人确实可以吓跑小鸟的，我爷爷老家就是用稻草人赶走破坏庄稼的小鸟的。"听两人这样一说，大家都开始认可了用稻草人赶走鸽子的做法。为了打消孩子们的顾虑，我和孩子们一起上网查了有关稻草人的资料，这下孩子们都真心认可了稻草人赶走鸽子的想法。

▲ 图2 决定制作稻草人

制订方案，收集材料

有了想法，孩子们开始开儿童议会，商量做个怎样的稻草人、用哪些材料。

孩子们根据自己的经验，决定做可怕的稻草人，可以吓跑鸽子。所以有小朋友拿来了骷髅面具，说要做个骷髅机器人。有的人说，要做个奥特曼机器人，说是能力大，可以轻而易举地赶走鸽子。商量好了以后，大家开始画图纸，并收集材料。在大家的努力下，我们终于收集好了所需材料，开始做起了孩子们心目中的稻草人，并把做好的稻草人放到了我们的小菜地里。这就是我们1.0版本的稻草人，不知道能不能赶走鸽子？等待孩子们的观察与发现。

▲ 图3　1.0版本的稻草人

教师随想

关爱生命，是每一个孩子的天性，只是在不同的阶段，儿童对生命的理解不一样，3—6岁儿童，更多的是对身边的花草树木、鱼虫鸟兽非常喜欢，也愿意去亲近它们、照顾它们。所以在幼儿园阶段，我们从爱护动植物的生命开始，就像我们班孩子爱护植物的种子会给它们每天浇水、看到花盆的种子被扒拉开来会想到谁伤害了它，知道是鸽子在捣乱后想到用稻草人驱赶鸽子的方式来保护小种子。在整个过程中，孩子们认识到植物生命的健康成长，在不同的阶段需要用不同的方式来守护。他们也体验了保护小种子生命给自己带来的价值感。

幼儿园阶段的孩子谈关爱生命似乎很遥远，因为他们也是人类体系中最需要保护的群体。他们也是最需要学会保护生命的群体。儿童如何学会关爱生命呢？《3—6岁儿童学习与发展指南》指出："幼儿是在与环境和人的积极互动中获得发展的，幼儿喜欢接触大自然，对周围的许多事物和现象都感兴趣。"所以让孩子从封闭的教室走向广阔的大自然,让孩子在大自然的真实、丰富、有趣的环境中去热爱多彩的生命,从而想去关爱生命。就像案例中的孩子,可以从众多的种子中选出自己最喜爱的那颗种下,他体验了自主选择的满足感;他每天给种子浇水,观察它的生长变化,他体验了自己生命的价值感;他们想办法做稻草人去驱赶鸽子以保护种子,他们体验了从思考到行动的成就感。所以体验对于幼儿阶段的孩子来说才是印刻最深的教育方法。

空中花园畅想曲

沈玉叶

一场规则的邂逅——孩子的小世界

游戏是幼儿的天性,它伴随着幼儿的成长,可以说,没有游戏就没有发展。游戏反映发展,游戏巩固发展,游戏促进发展。

在建筑工地上,恺恺说:"我要当个警察,巡视周围的安全情况。"

恺恺对建筑师说:"这块地方造房子要注意安全,周围需要拦起来,这样方便行人通过。"

建筑师点点头,说道:"我用一些积木做了围栏,当作警示标志,提醒来往的小朋友注意安全。"

▲ 图1 警察和建筑师在交流规则

如何促进交往？游戏材料是幼儿游戏的物质基础,不同的材料会引发不同的游戏行为,从而推进幼儿游戏情节的发展。基于儿童立场,提供满足基本情节发展的具体形象的玩具,如帐篷、安全帽等；根据儿童议会，投放具有表征、抽象的废旧材料，包括半成品的积木。幼儿可根据自己的需求搭建公园里的设施，制作小汽车等，激发他们的情节发展。此外，值得一提的是，材料应与真实生活中的实物比例相同，满足生活经验的需求。

热闹的电影院——乐交往乐表现

在电影院的游戏中，孩子们选择了一片空场地把幕布、椅子等布置好当作表演区，把小长廊当作售票和换装区，有的孩子当演员表演歌舞，有的扮演顾客买票看剧……看完表演的小朋友为表演者们鼓掌，有时也会哼唱起来。一台剧结束后，电影工作人员会报幕下一场表演，再请顾客们买票。有时没有顾客来的时候，他们会在门口巡游表演来招揽顾客。

乐乐："电影开始了，我开始表演喽！"

月月："瞧我跳的冰雪奇缘好看吧！"

小钰："制作电影票吧，都快卖完了。"

诺诺："电影真好看，歌舞表演太精彩了。"

▲ 图2 孩子们观看电影院表演

孩子的想法真有意思，他们在电影院的大场地上表演节目，在旁边的小长廊里进行换装，从确定角色到合作交往，幼儿的游戏情节超乎我们的想法。这样温馨的布局贴近孩子的生活经验，他们自发地进行各种游戏行为，每次都有新鲜有趣的情节可以拓展我们的视野。中班幼儿处于平行游戏向合作游戏过渡的阶段，语言和交往能力变得尤为突出。设置合理的空间、柜子桌椅的有效摆放，能够满足幼儿相互合作和交往，推进情节的发展。

好玩的野餐、高铁、消防、售票点——无穷的想象

孩子们选择将一片交叉的场地当作消防站，有火情的时候在这里整装待发，一边打电话跑起来，一边拿着消防管道去灭火。在一个小窗口边开设了火车售票点，有扮演顾客的小朋友来买票坐高铁去旅游，而旁边是高铁运行的地方，买好票就可以上车了。前方还有扮演交警的孩子拿着指挥

▲ 图3 消防员灭火　　▲ 图4 在高铁售票点买票

▲ 图5 高铁站列车进站　　▲ 图6 在公园野餐

棒指挥道路交通。在另一片空地上,他们设置了野餐区,而旁边就是美食售卖区。

小秦:"着火了,着火了,快拨打119。"
涵涵:"马上来灭火,不要慌张,保护好自己。"
阳阳:"天气真好,我要在草地上吃美食。"

四周布局密度合适、动静分明,便于情节开展,而且场地灵活变通,增加了游戏情节的趣味。孩子们开展游戏的地点是根据自己游戏的需求来变换的。空间布局和灵动性使幼儿思维得到开拓。他们不满足于单一的布局,而是追求多样的布局格调,不断发展自己的想象和创造能力。

百变材料——孩子的多元表达

为了满足幼儿不同的发展和游戏需要,材料的投放要让幼儿一目了然,方便拿取。在不同区域,我们把材料分层进行摆放,通过颜色、种类、大小摆放得整齐划一,数量适中,使幼儿一看到材料就可以知道拿取什么、怎么操作这些材料、玩出什么游戏情节。

▲ 图7 工具、形象材料　　▲ 图8 辅助材料

教师随想

  孩子们在空中花园尽情地展现自我，获得各种成长。在空中花园游戏中，他们说想说的话，用自己的方式玩游戏，互相交流生活中的趣事，还把有趣的游戏内容用图画的形式记录下来。

  孩子们的经验都是从日常生活中获得的。孩子在角色游戏中扮演的角色、协商的规则、选择的内容、解决的问题都来源于生活经验，游戏的情节发展有助于促进他们对生活的认知，形成生命成长的记忆。在空中花园角色游戏中孩子们感受到同伴间和师生间的关爱，增加了热情，萌发了善心，增强了交往的自信。

  一个爱生活、爱创造的孩子一定是充分被爱和获得满足的。通过游戏的方式来获得生命成长的能量，未来的某一天，也许会用它来解决某一些难题。

后记

童年是生命成长历程中最无忧无虑的一段时光，有机会将发生在安亭幼儿园院子里的童年生活分享给大家，我深感荣幸。《院子里的童年》终于成书，本书中51个活动案例均来自教师们日常工作中的思与行，字里行间，无不透射出安亭幼儿园全体教师对幼儿的守护与尊重、支持与成就。我深深地为我园教职员工热爱学前教育事业的献身精神所感动，也为他们在实践中"基于儿童视角"，对幼儿生命教育的持续探索感到无比自豪，没有这些可爱而敬业的教师，就没有我们"生命教育"的今天。打造理想中的童年院子，守护好"最柔软的团体"，可以为幼儿的童年生活留下美好的记忆。努力让每一位幼儿"现在快乐，未来幸福"，为幼儿快乐的童年生活和未来的终身发展奠定基础，是我们每一位教师不懈的追求。

回顾成书的历程，首先深深感谢开启生命教育研究的带头人韩卫群园长，同时也深深感谢上海市教育功臣郭宗莉老师，上海市教委教研室幼特教部原主任黄琼老师，上海市教委幼教教研室徐则民老师、贺蓉老师，上海市教科院普教研究所黄娟娟老师多年来对我们实践与研究的悉心指导与关注。

此书的完成是全体教师实践智慧的结晶，在此深表谢意。是大家的全力以赴和执着奉献，才有了此书的诞生。

希望这本小书，能够带您进入孩子们快乐的童年生活，与孩子们一起感受丰富多彩的探索体验活动，能给您的生活带来一点愉悦与快慰。

《院子里的童年》虽已成书，但限于认识水平，难免有不妥之处，敬请读者批评指正。

余海玲

2022 年 7 月

图书在版编目（CIP）数据

院子里的童年 / 余海玲编著 .— 上海：上海社会科学院出版社，2023
　　ISBN 978-7-5520-4063-0

Ⅰ. ①院… Ⅱ. ①余… Ⅲ. ①幼儿教育—研究 Ⅳ. ① G61

中国国家版本馆 CIP 数据核字（2023）第 017421 号

院子里的童年

编　　著：	余海玲
责任编辑：	路　晓
整体设计：	裘幼华
出版发行：	上海社会科学院出版社
	上海顺昌路 622 号　邮编 200025
	电话总机 021-63315947　销售热线 021-53063735
	http://www.sassp.cn　E-mail: sassp@sassp.cn
印　　刷：	上海丽佳制版印刷有限公司
开　　本：	889 毫米 x1194 毫米　1/20
印　　张：	14
字　　数：	308 千
版　　次：	2023 年 3 月第 1 版　2023 年 3 月第 1 次印刷

ISBN 978-7-5520-4063-0/G·1239　　　　　　　　　　　定价：158.00 元

版权所有　翻印必究